アストロロジー・ライター
Saya

星を味方につける生き方、暮らし方

～不安な時代に翻弄されずに私を生きる～

集英社

まえがき

３年前のことになりますが、『LEEweb』で星占いというお話をいただいたとき、実は、とても驚いたのです。十数年前にライフスタイルのライターとして仕事をしていたときは、「結婚した人は星占いを読まない」と、『LEE』には占いの連載がなかったからです。当時の読者層は、専業主婦の方が大半。結婚したらゴールで、恋愛や結婚がメインの星占いを読むのは独身時代までとされていたのですね。

さかのぼると、私が占星術を勉強し始めた20年前の入門書には「結婚したら、女性は太陽という意思は夫に預け、太陽を映し出す月になる」と書いてあったものです。でも、占星術での太陽は、自分自身の意思や創造性の象徴です。女性は、太陽を生きてはいけないのだろうか。月として、他者のためだけに生きなくてはいけないのだろうか。私の中にはそんな疑問がずっとくすぶっていた気がします。

月日は流れ、『LEE』の読者もシングルの方が３割を占めるように。出産後も仕事を続けるワーキング・マザーも多くなりました。実際、個人のホロスコープ・リーディングをしていると、既婚者のご相談も多数あり、仕事と家事の両立、パートナーシップ、義理の両親とのお付き合いなど、人間関係も、悩みも複雑になる。占星術は、シングル時代はもちろん、結婚後も実生活に生きるというのが実感です。

ジェンダーフリーのみずがめ座に木星や土星が入る、風の時代が目前の2020年でさえ、私たちの社会は男性中心にまわっています。まじめでがんばり屋の女性ほど、独身でも、既婚でも、さまざまな役割を引き受け、都度、相手をサポートしながらも、心のどこかで、「自分を生きるとはどういうこと？」と自問自答しているのが現実だと思います。

個人セッションでは、最初は家族の悩みでも、自分自身を見つめることで、問題が解決する場面によく遭遇します。人間関係に悩むとき、自分軸がブレて、太陽を見失っているんですね。本当の意味で自分の中の太陽とつながり、自然な自分を表現できたとき、それが魅力となって、多くの悩みが解決していくことを知ってほしいと思っています。この本が毎日がんばっている方たちのモヤモヤを照らす光となりますように。

アストロロジー・ライター　Saya

INDEX

CHAPTER 1

12星座の季節感で知る
あなたってこんな人

12星座は、地球から見た太陽の通り道。
北半球の季節は、12星座の性質とシンクロしています。
順を追ってその季節感と
その時期に生まれた自分やあの人の性格を比べてみると、
星座の性質がスーッと頭に入ってきます。

おひつじ座の季節と性質

1番目の星座であるおひつじ座にはプリミティヴな始まりのエネルギーが満ちています。おひつじ座に太陽がある季節に生まれた子どもたちは、おひつじ座生まれになります。「活動、男性、火(直観)」の性質をもち、行動や戦いの星・火星が守護するので、男の子も女の子も負けず嫌いで、活発な子どもになるでしょう。

春分から始まるおひつじ座の季節は、誰もが新しいことをやりたくなります。「自分には才能がないから」などと結果を考えずに、子どもの頃からやりたかったことを始めたり、絵を描いたり、ピアノを弾いたり。自分の中のアーティスト性を楽しみましょう。「できっこない」と制限をかけることなく、生まれたアイデアを育てていきましょう。

おひつじ座はまた「自分自身」「一人の人間としてのアイデンティティ」も象徴します。どの星座の人も、この季節は、毎日15分でも一人の時間を作ることで、エネルギーが増すのを感じるはず。イライラもなくなり、パパや子どもたちにもやさしくできるでしょう。また、「断捨離」もこの時期にやりたいことのひとつです。自分の好きなものだけを残して、あとは手放すと、空いたスペースに有形無形の豊かさが入ってきます。ひらめきが生まれ、自分のやりたいこともよく見えてきそうです。

おひつじ座生まれのあなた

基本的にはとてもピュアで、人を裏切るなど考えもしないタイプです。きっぷのよい姉御肌でもあり、強くありたいと願い、弱さを見せるのは大嫌い。苦労があっても、過去は振り返らず、ゴーイングマイウェイで進んでいきます。人の相談にもやさしく乗ってあげますが、しつこくされたり、束縛されたりは苦手。

一匹狼なところがあり、なんとなく周囲に合わせてはいても、実は、一人で動きたい気持ちが捨て切れないはず。非常に直観的ですが、根気はイマイチで、瞬発力勝負になりがち。行き先に思いがけない落とし穴が待ち受けていることも。でも、失敗してもいつのまにか立ち直っているので、周囲にも許されるし、愛されるタイプです。普段は明るく、ひょうきんなのに、正義感が強く、一度スイッチが入ると引き下がれないところがありますが、権威に反発して戦ったりするよりも、穏やかな日々を選ぶほうが大切です。

おうし座の季節と性質

年によってズレることはありますが、ほとんどの場合、太陽は、４月20日におうし座へ入ります。生まれたての赤ん坊がおひつじ座だとしたら、２番目の星座のおうし座は、周囲のものを手で触れて確認し、五感を使って、世界を味わっている状態です。「不動、女性、土(感覚)」の性質をもっているので、ひとつ前のおひつじ座のせわしなさは消えています。この期間に生まれた、おうし座生まれの子どもたちは、愛と美の星・金星が守護するだけあって、おっとりした、素朴な可愛らしさが特徴。女の子でも男の子でも、子犬のように愛くるしいタイプが目立ちます。

おひつじ座の季節に、入園入学、卒業や転勤など家族の用事に振りまわされていた人も、ここでは、ひと息つけるでしょう。ピクニックに出かけたり、普段よりていねいに過ごし、手をかけた料理を作ったり。自然の中で思い切りエネルギーをチャージして、生活を楽しむことで、運がよくなっていきます。

走り出すのがおひつじ座の季節だとしたら、おうし座の季節は立ち止まる時期。「あれもしなきゃ、これもしなきゃ」と忙しかった頭の中をいったんからっぽに。手の中にあるものを確かめながら、ここでしっかりと休むことで、疲れをためることなく、また12星座の旅を続けることができるのです。

おうし座生まれのあなた

本来のおうし座は、のんびり、おっとり、自分だけの世界に遊んでいるのが好きなタイプです。五感が発達しているために、食いしん坊で、頬を撫でる風やきらきらと輝く太陽の光、芳香漂う美しい花々。そんな地上の楽園のような場所を愛しています。心地よい状態が永遠に続くことを望むあまり、達成するのは先延ばしする傾向があるでしょう。恋人と離れているのは苦手で、スキンシップが大好き。独占欲が強く、嫉妬深いところがあります。

集団では縁の下の力もちに。ポジションを奪い合う椅子取りゲームには興味がなく、自分に向いていることをコツコツ積み上げていこうとします。無駄を嫌い、収納や節約が得意で、よい主婦や主夫に。余計な出費や空いた空間を嫌うので、冷蔵庫はいつもいっぱいですが、食べ物を無駄にすることがありません。

ふたご座の季節と性質

年によってズレることはありますが、ほとんどの場合、５月21日に太陽がふたご座へ入ります。ふたご座は３番目の星座。３には「遊び、楽しさ」という象意があり、「柔軟、男性、風(思考)」の性質をもつ、動きのある星座です。

ふたご座に太陽がある間に生まれた子どもたちは、ふたご座生まれになります。男の子も、女の子も、ふたご座生まれはどこか中性的。男の子でもたくましさはあまり感じられず、『ドラえもん』ののび太のような、ひょうひょうとした感じがイメージされます。女の子も、赤より水色が好きだとか、痩せ型で手足がひょろりと長いとか、少年らしいところがあるかもしれません。

思考や伝達の星・水星が守護するふたご座は、よくおしゃべりな子どもにたとえられますが、ふたご座の季節は、誰にとっても、自分の知識やできることが増えることが喜びになります。子どもですから、行動範囲はそれほどでもありませんが、好奇心も高まるので、歩いていける場所で新しいお店やカフェなど興味の対象を見つけることで気持ちが弾んでくるはずです。

ふたご座の季節はまた、神経過敏になりやすいところも。占星術が生まれた北半球では、春から夏へと移ろう気候の不安定な時期。なんとなく不安になったり、落ち込んだりしやすいところがありますが、適度に自分を労わりながら、アクティヴに行動していきましょう。

ふたご座生まれのあなた

ふたご座生まれは、言葉遊びや会話など、音の連なりとやりとりを楽しむ性質をもちます。神経過敏なところもありますが、好奇心が旺盛で、おしゃべり。誰よりも早くニュースをキャッチし、広めることに情熱を燃やすメッセンジャーです。噂話に興じながら、蝶のようにグループを渡り歩くかもしれません。

いくつになっても若々しく、少年のようですが、自由を好む反面、保守的なところもあります。ちょっと意外なようですが、年功序列や男女の役割分担には従うので、目上の人に可愛がられるでしょう。仕事では根っからの仕切り屋で、ディレクター気質。頭の回転がよく、その場のノリでパッと動けるタイプです。身内には情が厚く、相手を守ろうとするけれど、いったん敵だと認定すると、徹底的に糾弾するような鋭さも、実はもち合わせています。

Cancer

6.22 - 7.22

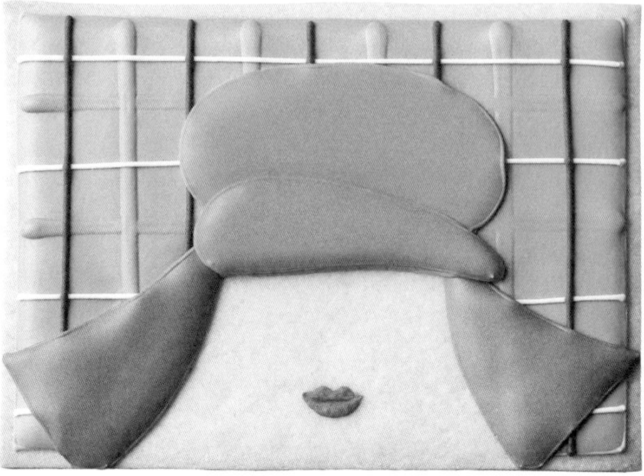

かに座の季節と性質

夏至に太陽がかに座に入ると、「活動、女性、水(感情)」という性質をもつかに座の季節が始まります。かに座は4番目の星座。4には「安定、安全」という象意がありますが、安全な巣穴を出たり入ったり、ちょこまかと動きまわる砂浜の蟹そのままに、限られたテリトリーで過ごしたくなる季節です。この季節に生まれた子どもはかに座生まれになり、男の子も女の子も、真面目で一生懸命ゆえの可愛らしさが特徴です。

かに座について思い出すのはインテリア分野の編集者をしていたとき、フィンランドの建築家、アルヴァ・アアルトのスツール取材で聞いたお話です。椅子が自立するのは3本脚からですが、その上に人が立つとグラグラと安定しない。でも、4本脚になると人が立つことができますし、座面をもっと広くとれば、テーブルになります。私たちが寝起きする住まいも、4本の柱と屋根が基本ですね。かに座が目指しているのは、そんな「4」の世界。雨風をしのげる屋根と、おいしい食事を家族で囲めるテーブル、安心して座れる椅子という安全な世界です。

一年の半分が過ぎ、誰もがほっとする踊り場のような時期です。日本では梅雨にあたり、家の中にこもることも多くなりますね。室内で洗濯物を干すこともある分、湿気やカビ対策をしたり、インテリアに目が向いたりする。住まいを整えることで、運もよくなっていきます。

かに座生まれのあなた

かに座生まれは、家庭や職場といった小さなテリトリーとそこに所属するメンバーに愛着をもちます。家族はもちろん、職場でも、母鳥のように、部下や後輩の面倒を見るかに座の女性によく出会います。同じ場を共有する人たちとの間に壁があると心地悪さを感じ、よく知り合おうとしますし、誰も取り残すことなく、親しみやすい雰囲気を作ろうとします。自分と周囲が心地よくあるために、忙しく立ち働くことに喜びを覚える姿は、家庭の主婦や母のイメージそのものでもありますね。

ただ、かに座生まれは、満ち欠けを繰り返す守護星の月のように感情が豊かで、気分が変わりやすい一面が。好き嫌いもハッキリしていて、敵味方も分けて考えます。若い頃は、独特の親しみやすい可愛らしさをもちますが、年を重ねると、「おふくろさん」的な力強さや頼もしさが備わってくるでしょう。

しし座の季節と性質

7月22日か23日と年によって違いはありますが、夏至からひと月経つと、太陽がしし座にやってきます。しし座は、5番目の星座であり、5は、「創造性やドラマ」と関係のある数字。また、太陽は、しし座の守護星とされ、「不動、男性、火(直観)」という性質をもっているので、しし座に太陽があるこの季節は、火のエレメントの星座らしい直観や華やかな雰囲気がとてもストレートに、ポジティヴに出ます。しし座に太陽がある間に生まれた子どもたちはしし座生まれになりますが、男の子も女の子も、主役であること、大切に扱われることを当然だと考えるでしょう。不思議と堂々としているように思えたら、守護星の太陽の質が強く出ているのかもしれません。

しし座の季節は、フランス人のようにヴァカンスをとるのが実は正解。太陽の光を楽しみ、人生を謳歌することで、自然と運がよくなっていくでしょう。日々、家事や仕事に追われている大人は、遊ぶ機会は少ないものですが、この時期だけでも、「遊び」の価値を認めて、暮らしの中に取り入れたいですね。ビーチやキャンプなどのアウトドアはもちろん、音楽やドラマなどエンタテイメントの世界もしし座と縁が深いのです。ライヴや演劇などのステージは、とてもしし座的です。ゴージャスな極上のエンタテイメントに我を忘れることで、日々のストレスが発散できるでしょう。

しし座生まれのあなた

しし座生まれは、守護星の太陽そのままに、人を元気づける明るさのもち主です。どんな人が相手でも温かく見守り、応援するので、誰にでも好かれる人気者。飲み会などでも場もちがよく、幹事役としても引っぱりだことなるでしょう。集団の中でも、いつも全力投球。やりたいことができるとなると、損をしてでも引き受けますし、雑務であっても周囲から頼られるとノーと言えず、膨大な仕事量を一人でこなしていることがよくあります。仕事も、プライベートも手を抜くことがないうえ、ギリギリまで取りかかれない癖もあるので、時間はいつも足りない様子。他の星座から見たら信じられないほど綱渡りな、切羽詰まった日々を送っているかもしれません。でも、そのスリルすら愛しているのがしし座。愛すべき、明るいキャラクターとともに、集団をまわしていく潤滑油として、欠かせない存在感を発揮するでしょう。

おとめ座の季節と性質

年によってズレることがありますが、8月23日に太陽がおとめ座に入ります。「柔軟、女性、土(感覚)」の性質のあるおとめ座は、とても自然で女性的、かつ感覚的なエネルギーをもっています。おとめ座は6番目の星座であり、6という数字には「仕事や義務、日々の生活」の象意があります。女性らしさが6という数字の枠に無理やり押し込められているようにも見えるのがおとめ座です。ひとつ前のしし座が夏休みの子どもたちが遊んでいる世界だとすると、休暇が終わり、光り輝く夏に後ろ髪を引かれながらも勉学にいそしむ学生たちの世界なのです。この季節に生まれた子どもはおとめ座生まれになり、男の子はどこか繊細でフェミニンに。女の子は神経質ながら、言葉の発達が早いしっかり者となるでしょう。

私は小さな畑をしているのですが、おとめ座に太陽が入る頃、畑仕事は、種まきや育苗など、本格的に忙しくなります。北半球でのおとめ座の季節は、気候も不安定で、日本では大きな台風がやってくることも多いもの。そんな移ろいやすい天候と相談しながら、忙しく立ち働くこの季節のイメージは、おとめ座の女神にたとえられる、ギリシャ神話の農耕の女神、デメテルとシンクロします。来たるべき冬に備えてよく働き、将来の豊かさのために計画的に準備をする時期なのです。

おとめ座生まれのあなた

おとめ座は、12星座では唯一、「人間の大人の女性」が象徴として当てられています。おとめ座生まれは、感じやすい女性的な身体と、相反するまじめさや潔癖さを併せもっていますが、頭ですべてを決めようとして、思い悩んだり、押しの強い人に流されたりする傾向も見られます。とても純粋で潔癖。神に仕える修道女のようなストイックさをもつ一方、実は、とても情熱的です。

収穫や労働の性質をもち、働き者。集団では細かいところまで気を配りながら、実績を積んでいくでしょう。思考や伝達の星・水星が守護し、体力はあまりない人が多いので、体力仕事よりデスクワーク向き。進行や段取りが得意なので、秘書としても優秀です。人からの特別な評価は望みませんが、仕事のできない人には批判的で、お局的な存在になることも。他者を受け入れる包容力を身につけられるとよいでしょう。

てんびん座の季節と性質

秋分に太陽がてんびん座に入ります。７番目の星座であるてんびん座は、「活動、男性、風(思考)」という性質をもっているので、てんびん座に太陽がある間は、風のエレメントのもつ思考の要素が活動し始めます。象徴である天秤のように、ふたつの選択肢の間で揺れることもあるでしょう。

ひとつ前のおとめ座では仕事や労働、自分自身を完成させることに向いていたエネルギーが「人間関係」に向かい始め、パートナーシップを通じて、愛を学ぶことになります。12星座ではここで初めて他者が意識されることから、美しく装うファッションの星座ともされ、太陽がてんびん座にある間に生まれた子どもたちは、万人に愛され、「人に見せる」ことに長けています。

愛と美の星・金星が守護するてんびん座の季節はまた、秋冬ファッションが出揃い、人々の関心がおしゃれに向かう時期でもあります。「人に見せる」「人とつながる」ことを普段より、意識してみましょう。ワードローブやメイクを見直し、去年の自分ではなく、今の自分に合ったものにシフトしましょう。その一方、人と自分を比べてしまうと悩みが深くなり、自分が何をしたいかわからなくなるのもこの時期です。「他者を意識する」のは自分がある程度できてからでないと、迷いの原因になるもの。自分を見つめることが欠かせません。

てんびん座生まれのあなた

てんびん座生まれは、強い主張をしたり、激昂したり、感情に左右されることを嫌います。周囲の人とも、物とも、美しいバランスを保ちながら、ゆるやかにつながった、「調和」の状態を好むのです。楽しい活動は好きですが、変わらないことに安心するので、自分から生活を変えることは少ないでしょう。

集団でのてんびん座は、調整役です。空気を読んでサッと動けるので、面倒ごとを押しつけられる傾向も。たとえば、忘年会や歓送迎会の幹事など、気づけば、てんびん座が引き受けているかもしれません。それでも、ニコニコと動いてくれるありがたい存在です。率先してリーダーシップをとるような目立つタイプではありませんが、誰からも好感をもたれるでしょう。ただ、人から見た自分に意識が向く分、自分のことややりたいことがわからないと言って、ひどく悩んでしまうこともあります。

Scorpio

10.24 - 11.21

さそり座の季節と性質

年によって違いはありますが、10月23日か24日に、太陽がさそり座に入ります。この季節に生まれた人は、さそり座生まれ。独特の磁力があるカリスマが目立ちます。８番目の星座であるさそり座は、「不動、女性、水（感情）」という性質をもっているので、さそり座に太陽がある季節は、表面的には変わらないように見えながらも、実は、多くの人が感情の世界に深く入り込んでいます。異世界へのトンネルをくぐり抜け、あの世とつながるような星座なのです。さそり座の時期にはハロウィンがありますが、本当に暗闇からお化けが出てきそうな、あの季節そのままの、どこかダークさのある星座です。

この季節に読み返したくなるのが村上春樹さんの『ノルウェイの森』。霧が立ち込めるヨーロッパの黒い森は、まさしくさそり座の世界。守護星は、「死と再生」を象徴すると言われる冥王星ですが、ひとつ前のてんびん座の距離のある人間関係と違い、さそり座の人間関係は、「血は水よりも濃い」という感じで、セックスやお金も絡む、真剣なコミットメントを要求します。きれいごとでは済まされないのがさそり座の世界なのです。さそり座の季節は、外では木枯らしが吹き始めています。家の中にこもらざるを得なくなるので、物ごとは前進しづらいですが、マニアックな趣味を深め、追求するのにもよいときですし、セックスも盛り上がりやすいでしょう。

さそり座生まれのあなた

さそり座生まれは、自分から前に出るタイプではありません。先の見えないミステリアスなもの、究極のものを追求する人たちです。子宮の中の胎児と母親のように一体化できる理想の対象が必要で、それが仕事のこともあれば、恋人や趣味に没頭することもあります。その没頭ぶりは、他者を寄せつけないほどです。

そんなさそり座は、集団ではカリスマ性のある人物として一目置かれることが多いでしょう。ただ、ネガティヴに出ると、周囲になじまないリスキーな存在として疎まれることもないではありません。さそり座がフラットな、凡庸な存在となることはなく、周囲には「特別な」人物として認知されます。努力している風はないのに、常に結果を出せるので、人間離れしているように思われることも。それがよくミステリアスと言われる所以。時として支配的になり、相手を思いのままに操ることもあります。

いて座の季節と性質

年によって違いはありますが、11月22日か23日に、太陽がいて座に入ります。いて座は､「柔軟、男性、火(直観)」の性質をもつので、とても自由で直観的な星座。ひとつ前のさそり座が地の下までも潜り込み、願望を実現するために動く時期だとしたら、いて座の季節は、組織やルールを嫌い、のびやかに自分のペースで過ごしたくなるでしょう。同時に、いて座の基本的な性質には「成長」があるので、来年のことを夢見ながら、新しい種を蒔く時期でもあります。春からの進学先を決めたり、旅行を計画したり、先のことを考えるとよいでしょう。旅に出られない人は、せめて日常を忘れようと、飲んだり、騒いだりする機会が増えるかもしれません。瞑想やヨガで精神を自由に羽ばたかせるのもおすすめです。

太陽がいて座にある間に生まれた子どもたちは、いて座生まれになりますが、たとえ大変なことがあったとしても、人生に対しておおらかに構え、楽観的なはず。チャンスにも恵まれ、明るいほうへと伸びていくタイプです。そして、いて座ののびやかな性質が他者に向くと､「応援」や「サポート」の性質をもつようになります。自分が傷ついた経験ですら、他者のために使おうとするでしょう。太陽がいて座にあるこの時期、他者を助け、力づけることを心がけましょう。誰もが相手を思いやり、時には窮地にある人を助けることで、よい循環が生まれていくはずです。

いて座生まれのあなた

いて座の守護星は、拡大と保護の星である木星です。木星の恵みを受け取るいて座生まれも、オープンで正直、公明正大です。視線は、常に「今ここ」よりも、未来や遠いどこかの場所にあり、前進あるのみ。何をしていても、どこか前のめりで、過去のことは忘れてしまう癖もあります。おっちょこちょいで明るく、思うままの言動が周囲に愛されますが、気分のアップダウンが激しく、すぐに落ち込んで、周囲に愚痴をこぼしたり、甘えたり。そんなところも含めての愛されキャラでしょう。

いて座は、集団の中では周囲を励まし、さりげなく導くお姉さん的な存在に。幅広い人脈をもつのも特徴で、大人になってもバースデー・パーティを開いて大人数を招くようないて座を何人か知っています。仲間や同僚の中でもきっと華やかな存在で、いつも話題の的となるに違いありません。

Capricorn

12.22 - 1.19

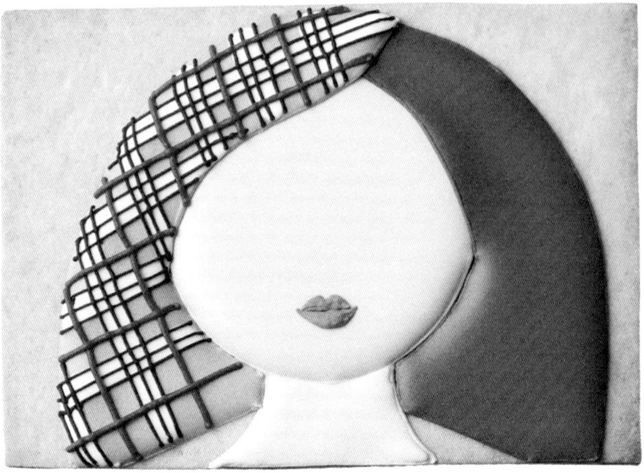

やぎ座の季節と性質

冬至に、太陽がやぎ座に入ります。昼が一年の中でもっとも短く、太陽の力ももっとも弱いときです。そのためでしょうか、やぎ座の性質には人間の生命力で輝くのではなく、社会体制や権威、名誉など自分以外のものに寄りかかるところがあります。10番目の星座であり、「活動、女性、土(感覚)」の性質をもつやぎ座。ひとつ前のいて座のようにエネルギーが四方八方に拡散していくことはなく、山の頂上というひとつのゴールを目指して、ひたすら登っていくようなエネルギーです。そのため、やぎ座の季節は、それぞれが好き勝手にやるよりは、「自分の役割」を果たして、集団の中で地位を得ることが大切に感じられます。この時期は、誰もが家庭でも、職場でも、それなりの責任を果たすことが求められます。自分のがんばりを認めてほしいという承認欲求が強くなるかもしれません。

この時期に生まれた、やぎ座生まれの子どもたちは、実際、責任感が強く、努力家です。親や先生など権威に認められたい気持ちが強いため、注目されないとやる気を失うこともあります。でも、承認を他者に求めてばかりいると、得られないときに苦しくなるもの。また、目指す山の頂上にたどり着けないときにも落ち込んでしまうでしょう。やぎ座の季節は、むしろ自分のがんばりは自分で認めると割り切ると、他者に振りまわされず、心地よく過ごせるでしょう。

やぎ座生まれのあなた

山を登るのが好き。駅の階段も、エスカレーターを使わずに嬉々として登る。目に見えてきれいになる洗濯も好きで、洗濯物は、角をきっちり出して干したい。そんな風に、現実化とルールの星・土星が守護するやぎ座生まれは、日々の暮らしの中でも、わかりやすく目に見える成果を愛しています。まじめで努力家な反面、そんな自分をちょっとつまらなくも感じていて、個性を打ち出したいと願っているかもしれません。完璧主義で、緊張感を周囲に与えるタイプと、謙虚で控えめながら、強い意思を秘めたタイプがいます。「認められたい、誉められたい」という気持ちが強く、集団のために献身する人も多いもの。やり甲斐よりも、自分の評価にこだわるので、「認めてくれる存在」がいるかどうかで、同じ仕事量でもストレスが変わります。職場では正社員志向が強く、管理職になりたいと考える人が多いかもしれません。

みずがめ座の季節と性質

年によって21日にズレることはありますが、ほとんどの場合は、１月20日に、太陽がやぎ座を去り、みずがめ座に入ります。ひとつ前のやぎ座の世界は、「努力と根性」と言ったらわかりやすいかもしれません。「自分は、こんなにがんばっている」という「自分」の世界。でも、11番目の星座であるみずがめ座は、「不動、男性、風(思考)」の性質をもっています。「思考や理性」を表す風のエレメントの最後の星座なので、みずがめ座の季節は、自分のことですら、一歩引いて見るところが出てきます。「自分はこう思うけれど、世の中一般にはこうだよね」という客観の世界です。双方向のコミュニケーションも、とても大切になるでしょう。「一人でコツコツやる状態」から「相手と自分を客観的に見る状態」にシフトするととらえてください。

この時期に生まれた子どもたちは、みずがめ座生まれになりますが、ひとつ前のやぎ座が山を登っていく星座だとすると、みずがめ座は、そもそも山に登ろうとしないでしょう。一人で山に登り、向こう側に降りるくらいなら、山をぶち抜いてトンネルを作ったほうがよいと俯瞰して考えるのです。確かに、そのほうが大勢の人が一度に向こう側に行けますものね。みずがめ座の行動はとても合理的で、全員にとって利益があるのは確かなのですが、その分、環境破壊などはあまり気にしないかもしれません。過去にとらわれず、未来を変えていこうとする時期です。

みずがめ座生まれのあなた

みずがめ座生まれは理性的で、やぎ座までの年功序列や性差の違いによる役割分担の価値観は大嫌い。ユニセックスでありたいので、年長の男性が相手でも、意見を主張し、聞き入れてもらうことで心が満たされます。社会的に活躍し、稼いでくれる人より、家事分担を平等にしてくれるパートナーが理想でしょう。

自立や変革の星・天王星が守護するみずがめ座の集団での存在感は、その集団のカルチャーによって変わるでしょう。IT業界のようにフラットな企業風土であれば、若いうちから自分の主張が通り、安心して働けるはず。でも、昭和の香りが残るドメスティックな会社だと、「女の子」として扱われるのに嫌気が差し、専業主婦を選ぶかもしれません。みずがめ座には権威への反発という性質があることから、無意味に反抗してしまわないよう、冷静になる姿勢が欠かせないでしょう。

うお座の季節と性質

年によって違いますが、２月18日か19日に太陽がうお座に入ります。その後、春分にうお座の季節が終わると、12星座の旅を完走したことになります。太陽はおひつじ座へと入り、また次の12星座のサイクルに入っていきます。北半球の季節のめぐりとともに進む12星座の物語を肌で感じていただけたなら、うれしいです。

「柔軟、女性、水（感情）」の性質をもち、境界を溶かす星・海王星が守護するうお座の季節は、普段は顧みないような感情があふれてきやすいもの。それは、日々の忙しさの中で忘れられたもの、遺された場所や人へのノスタルジーとして表れることもあるし、自分の中にある見捨てられた気持ちかもしれません。周囲との心の境界も曖昧になりやすいでしょう。ポジティヴに出れば、「共感や思いやり、やさしさ」ですが、ネガティヴに出れば、「被害者意識や依存」となります。実際、うお座に太陽がある時期に生まれた、うお座生まれの子どもたちは共感力が高く、芸術の世界に親和性があります。

うお座の季節は、新年度を迎えるための生活の棚卸しにぴったり。誰もがルーズになりやすいのですが、流されると後で大変なことに。フリーランスや自営業なら、確定申告の時期ですが、やるべきことから逃げずに向き合いましょう。感情も、日々の雑事も、ここで整理しておくことで、春分からの運が上がっていくでしょう。

うお座生まれのあなた

10年以上前ですが、「星座の会」を毎月、開催していたときのこと。うお座さんたちが集まる「うお座の会」では、イベント後、みんなが「Sayaさん、何か手伝いますか」と椅子を片づけたり、ゴミを捨てたりしてくれたものです。そんな風に、うお座さんたちは、地上のエンジェルです。他の人たちをサポートしよう、愛を配ろうと、いつも待ち構えているやさしい人たちなのです。

ただ、そのやさしさが裏目に出ることもあります。ノーを言えないので、集団では面倒なことを押しつけられたり、踏み台にされてしまったり、損な役まわりとなることがよくあります。その結果、人には言えないストレスがお酒や人間関係への依存とつながることも。福祉や医療、ボランティアなど、一般の経済活動とはちょっと違う領域で、社会貢献ができると幸せを感じられそうです。

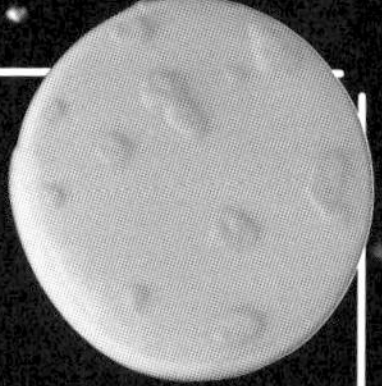

CHAPTER 2

なぜ今、大人の女性にこそ星占いが必要なの？

星占いとの付き合い方

あなたは星占いに何を求めますか？
星の暦という星たちの言葉を「人生や暮らしに役立つ情報」として
地上の言葉に翻訳し、細やかに伝えるのが、Saya流の星占い。
星占いに依存することなく、よりよい「私の人生」を生きるための
情報として、自分の選択の判断材料とする付き合い方のお話です。

星占いは、暮らしに役立つ情報がいっぱいの暦

自分で占いもして、文章も書くスタイルの星占いを書き始めて13年目になりますが、もともとは、ライフスタイルの分野の編集者やライターとして、長く仕事をしてきました。そんな私にとって、占星術はリアルな暦であり、ナビゲーションです。「春になったら、冬になったら、こうしよう」と雑誌で暮らし方を提案していたように、星の暦にもとづいて、より細やかな提案をしている感覚です。私の星よみを好きな読者さんたちは、その提案を受け取り、「人生や暮らしに役立つ情報」として、私の占いと付き合ってくれているのだと思います。

そのためか、小さい頃から占いが好きというような筋金入りの占いマニアは、私の読者さんにはいないように思います。「普段はあまり占いを読まないんですけど、Sayaさんの占いだけは読みます」とみなさん、言い訳のように口にされます。

どうして私の占いだけは読むのか、それはきっと、占いというジャンルからなんとはなしに漂ううさんくささとか、人生がドラマティックに変わるといった「あり得ない展開」が私の占いにはないから。もちろん、そんな「いかにもな占い」を好きな方もいていいのです。自分の知らない運命を教えてくれる、カリスマ的な占い師さんの言葉に一喜一憂したり、みんなでキャッキャ言いながら、エンタメ系の占いをまわし読みしたり。それもすごく楽しいことだし、コミュニケーションツールとしての占いの役割もありますから。また、つらいことがいっぱいある現実を束の間、忘れさせてくれる、ファンタジーとしての占いを求めている方もたくさんいると思います。現実にはあり得ない、少女漫画のような恋愛ドラマに夢中になる感覚ですね。「現実がつらいのだから、星占いくらい、夢を見させてほしい。厳しいことは書かないでほしい」、その気持ちもわからないではありません。

でも、現実の暮らしを考えると、台風の襲来とともに雨風がひどくなるなら、それを伝えてもらえないと困りますね。読み手のことを本気で考えると、甘やかすような言葉を並べられない。星まわりが厳しい時期も、それをハッキリ書いて、人生に向かい合うために使ってもらったほうがその人のためになるはず。つい、そんな風に考えてしまいます。応援したいのは、いつもまじめに働いている、世の中の普通の人たち。自分らしく生きるために、占星術を生かしてもらえたらなあと願いながら、星の暦という星たちの言葉を地上の言葉に翻訳する作業を地道に続けています。

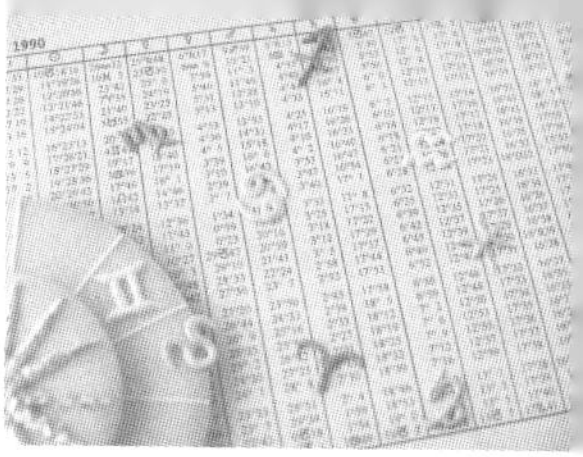

星占いがリアルなのは、占星天文暦に沿っているから

星占いとは星座占いで、星座は生まれ日によって、12に分かれている。毎朝、テレビでは、「今日のしし座は１位」とか、「おうし座は12位」とか騒がしいですから、どんなに占いが嫌いな人でも、日本人なら、それくらいの知識はあるのではないでしょうか。

星占いと一般に言われるのは、西洋占星術にもとづいた星座占いで、大抵は、生まれたときに太陽がどの星座にあったかで見ています。生まれたときの星の配置図、ホロスコープをウェブサイトで出してみると（p.32コラム参照）、実際には、太陽以外の惑星にも星座があります。たとえば、私の太陽、水星、金星、冥王星はおとめ座ですが、月はかに座、火星はみずがめ座、木星、海王星はいて座、土星はふたご座、天王星はてんびん座です。こうしたホロスコープ・リーディングは、パーソナルなもの。マスメディアではできないので、欧米で、太陽のみで見る星座占いが便宜的に発展した経緯があります。でも、太陽星座占いがまったく当たらないわけではありません。太陽星座占いには私たちのもつフローやリズムがよく出ます。パーソナルなホロスコープ・リーディングより情報量は落ちるけれど、日々のリズムをとらえるには十分なもの。それとともに、自分の物語の大筋も知ることができるのです。

私が占星術に出会った20年前には考えられないことですが、最近の占星術ブームで、ホロスコープの存在は多くの人に知られてきました。そのため、詳しくは読めなくても、自分のホロスコープを出してみたことがある人は案外、多いかもしれません。ただ、まだ一般にはあまり知られていないのが占星天文暦の存在です。

天文暦は、太陽系の惑星の動きをシンボルで記したもの。これを初めて見た人は、一様に、「電車の時刻表みたい！」と叫びます。この星の時刻表である占星天文暦をなぞるようにして、私は星占いを書いています。占星天文暦に忠実になるほど、太陽星座占いでも、「当たる」というのが私の実感です。なぜなら、私たちの心の動き、12星座の物語は、占星天文暦どおりに進んでいるからです。

選択の自由があるからこそ、結果はその人次第

占星天文暦どおりに星の流れやリズムを書いていると、そこには「結果」がないことに気づかされます。星たちは、その動きを止めることはなく、集まったり、離れたりしながら、12星座をダンスでもするように進んでいきます。動きは、速いときも、遅いときもあります。そして、占星天文暦には、その歩みが記されているので、５年後、10年後のことでも、私たちの人生にどんな流れやタイミングが来るかはわかります。でも、そこで、どんな「選択」をするか、それまでに、どんな「努力」をして、どんな「結果」を生み出すかは、その人次第なのです。私たちには自由意志があるからです。

もう少し詳しく、運命についてお話ししてみましょう。私たちにはどんな国のどんな地域で、どんな先祖や親をもって生まれたかなど、変えられない宿命があります。これらは潜在意識となって、私たちの人生の選択に大きな影響を与えます。

もうひとつは運命で、これは個人の選択によって、かなり自由度があります。1から100くらいまでの可能性が用意されています。私たちがもって生まれたホロスコープ(生まれたときの星の配置図)には変えられない宿命の部分も暗示されますが、変えられる運命もあります。それは、旅の計画に似ています。細かく計画された団体旅行の人もいれば、行き先とホテルだけ決めて、あとは気の向くままという人もいるように、ホロスコープに用意されている人生の計画も、人それぞれなのです。

人生にはあらかじめ出会うことが決めてあったかのようなキーパーソンもいます。彼らは、いわゆるソウルメイトとして、私たちを本来行くべき道へと導いてくれますが、その出会いにおいても、決断するのは自分です。もともと農村が多く、同調圧力の強い日本では自分の心のままに生きるのは勇気を伴うものでした。そのため、欧米に比べ、自分を生きている人とそうでない人がハッキリと分かれる傾向があると思います。占われるその人が自分に正直かどうかで、星占いの「当たる、当たらない」も左右されます。

社会に出るときに自分を生きる選択をした人とそうでない人とでは、時間の経過とともに、大河の反対側にでもいるかのような運命の違いが出てきます。あのとき、自分に正直に生きていればよかったと何十年も経ってから思っても、今すぐ、その大河を渡る橋があるわけではない。気づいたときから、やり直すことはできるけれど、橋を架けるのはあくまでも自分だし、突貫工事も、手抜きもできないし、人に頼ることもできないのです。そして、自分を生きないでいると、年をとるとともに、どんどん苦しくなっていきます。人に頼ったり、もらったりを当然のようにしていると、ある年齢からはごまかせなくなってくるのです。

星の言葉は象徴言語。3次元ではないのです

星占いと付き合ううえで、意識しておきたいのは、天文暦やホロスコープに書いてある星の言葉は、いくらリアルとは言え、3次元の言葉ではないということです。

一度、占星術のことをまったく知らないファイナンシャルプランナーの方に、「息子がどの高校や大学に受かるかとか、わかるんですか」と目を輝かせて聞かれたことがありますが、それは、3次元である地球、しかも、日本国の東京という都市における、非常に限られた話なので、ホロスコープにも、天文暦にも答えは書いてありません。個人セッションにいらした世界的なIT企業で役職にある女性にも、「息子をどのインターナショナルスクールに入れようか、夫婦で意見が分かれて困っている」と相談されたことがありますが、これも同様に、ホロスコープに学校名が書いてあるわけではないのです。確かに、インターナショナルスクールの創立記念日や校長の誕生日を見れば、その学校の目指すもの、息子さんとの相性はわかります。でも、ホロスコープに頼らずとも、その学校を見学したときの息子さんの様子を観察すれば、自ずとわかる種類のことだと思います。それだけお母さんたちが子どもの教育の責任を一身に背負って、追い詰められているのかもしれませんが、愛情をたっぷりもらった子どもは大丈夫！
自分の子育てを信じてくださいね。

私を生きる自由や幸せ、自分の物語を思い出す

個人セッションをしていて感じることですが、人に合わせてばかりの「いい子」であるほど、自分にとって心地よくない人生を作ってしまうことがあります。中年からゼロリセットをするのは難しい部分もあるので、プレッシャーは与えたくないのですが、今からでも、違う帰り道を選ぶことはできるかもしれません。また、親や先生に言われたとおりに生きられないからといって、自分が悪いわけではないと気づくこともできるはず。悩みに客観的になれたり、世間の定義する幸せを生きられないからと、自分を否定したりしなくて済むかもしれません。「私を生きる」ことができれば、お金や物がたいしてなくても、人は案外、幸せなものです。この本では、そんな「私を生きる自由や幸せ」を、星を通じて、みなさんにご紹介できたらな、と思います。

平成は、昭和の当たり前をひきずっていた時代でした。でも、令和では、その当たり前が崩れ、劣化していることが誰の目にも明らかになっています。今、生きづらさや苦しさを抱いている人が多いのは、「こうするのが幸せだ」という絵に描いた餅のような幸せのマニュアルを求め、人から見て素敵な、架空の物語を生きてしまっている。自分を生きていないからだと思います。「自分は、何が好きなの？」「本当は、どう生きたいの？」。そんな忘れていた問いを自分に投げかけてみましょう。「私の物語」を思い出してみましょう。そのために、きっと占星術は役に立つはずです。

うまくいかない現実を前に、「こんなはずじゃない」と強引に扉を開けようとしたりせず、違う扉に向かう柔軟さを身につけましょう。「正しい生き方」を考えるのではなく、目の前の現実に即して、変化していきましょう。そうやって、少しずつでも自分を生き始めると、目の前には新たに道ができ始めます。時間はかかるかもしれませんが、その新しい道は、きっと知らない未来へ連れていってくれます。

新型コロナウイルスの影響で、従来の生き方を変えざるを得なくなった人も多い2020年。これまでの道が突然、閉ざされたように感じている人も多いはず。今は、とてもそんなことは考えられないかもしれませんが、実は、昔から生きたかった人生を生きるチャンスなのかもしれません。旧来の生き方やライフスタイルでは立ちいかなくなるのは、社会や個人の意識が宇宙の時計と合わなくなっているから。今はとても怖くても、ハートの目指す方向へと踏み出してみると、案外、道が拓けたりするものです。ハートが教えてくれるものこそがあなたの才能だということが多いからです。今すぐには結果が出なくてもいい。芽を出すのは、5年後、10年後かもしれない。それでも、あなたの魂が喜ぶことを始めてみましょう。

思い悩むより、問題解決を。
未来をコントロールしすぎない

ホロスコープや天文暦でわかるのは、あくまでも、魂が生まれる前に描いた設計図であり、その人のポテンシャルです。その人が設計図のとおりに自分の魂という可能性を生きているかどうかは、本人と話さないとわからない。まして小さな子どもであれば、親がすべてのレールをパーフェクトに敷かなくても、子どもの中に、たくさんのポテンシャルが眠っているものです。すべてをガチガチにコントロールしてしまうのは、その子の未来を檻に入れるようなもの。可能性の種をつぶしてしまうこととなり、占いのよい使い方とは言えないでしょう。

星との付き合い方は、サーフィンに似ていると思います。よい波がいつ来るか、波はもちろん読めたほうがいいわけですが、波に乗る技術がなければ、いくら読めても意味がないでしょう。星も同じで、いくら、どんな波が来るかを読めても、生きるのが下手だったら？　占星術家が必ずしも幸せになっているとは限らないように、未来をコントロールしすぎることは、あまりいいことではないと思います。

占星術のクラスで、印象的なアラフィフの女性二人がいました。一人は、契約終了が迫っているデザイナー職を辞した後、通信制の美大に進み、学芸員の資格をとるというビジョンを話してくれました。でも、もう一人は、どうしても、「今、ここ」にいることができない。リタイアには何年も間があるのに、「今年、こうする」という話ではなく、10年後とかの退職後にはこうしたいという話に飛んでしまうのです。聞けば、認知症のお母さまを介護中で、今年の星まわりを見ると、「人間関係の試練」というフレーズが頭に浮かび、お母さまが亡くなる未来で目の前が真っ暗になってしまう。また、パートナーとの間でも話し合わないといけないことがあるのですが、それも避けたい気持ちがあり、どうしてもホロスコープに向き合えないというのです。

つらい気持ちは痛いほどわかりましたが、星を見て、不安になり、それにとらえられて悩むくらいなら、占星術などやらないほうがいいと私は思っています。心を鬼にして、きちんと向き合うように伝えました。と言うのも、現実に向き合わないで、占いに頼るのは本末転倒。未来は、現在の問題に向き合った先にしかないからです。未来を作るとは、新しい道を作るようなもの。望みのビジョンにたどり着くには、その前に現実の人生で橋を架けたり、崩れた崖を直したり、たくさんの工事をしないといけないのです。人生をよりよく生きるために、占星術も使ってほしいなと思っています。

先ほどのインターナショナルスクールに子どもを通わせたいという親御さんの例でもわかるように、今の日本では、親が子どものためにレールを敷こうとするのが一般的です。親が望むビジョンに子どもが最速でたどり着ける高速道路を作ってあげようとするのです。でも、スーパーハイウェイに慣れてしまい、守られた世界で、受け身で生きていると、いざ、その世界を出て自分自身を生きようとしたときに、現実に向き合えない人になってしまいます。それは、とても悲しいことです。温室の中に閉じ込めるより、親がいなくなったとき、人生の逆風に耐えられる強さを子どもの中にも自分の中にも育てていきたいですね。

CHAPTER 3

ウィズコロナからポストコロナへ

私たちは今、どんな時代に生きているのでしょうか

生まれたときの星まわりで個人のパーソナリティがわかるように、
現在の星まわりを見れば、世の中全体の流れがわかります。
2020年、私たちは予期せぬ新型ウイルスの流行に翻弄されましたが
それも星で読み解けば、個人の人生や仕事の流れを見る羅針盤として、
不安な時代を生き抜くための、よいヒントを得られるはずです。

星を知っていれば、
リビングデザインはしやすい

占星術の基本にあるのは、天と地がシンクロしているという考え方。太陽系の星たちが反発し合うと、地上の私たちも戦うようになり、星たちが手をつなげば、私たちも仲よくなる。地上の事象も、植物も、動物も、人間の心模様も、宇宙のパターンに反応して動いている。これは、日々、星を読み、世界を観察していると実感することです。

占星術を通じ、これから10年くらいの自分とパートナーのバイオリズム、ライフサイクル、得意、不得意を知っておくと、リビングデザインをとてもしやすくなります。たとえば、私は、フリーランスになってもう17年。リモートワークも10年目ですが、個人事業主にはこれはとっても大事。なんとなくでも世界と経済はこうなる、ということが見えるので、危機のときにも仕事や人生の手当がしやすくなるのを感じます。暗闇の中を手探りで進まなくてもよくなるので、それこそ、いつも星の光が見えているようです。

この業界は厳しくなる…
そうした勘の裏付けにも使える

新型コロナウイルスの流行で、旅行業界は、苦境に追い込まれています。でも、占星術を知っていると、納得するところもあります。「旅行」は、いて座が象徴しますが、拡大と保護の星・木星がいて座にあった2019年と違い、2020年は、現実化やルールの星・土星がいて座の経済を制限していたためです。2015年から2017年にかけては、土星がいて座にあったこともあり、すでに、いて座的な業界は、かなり疲弊しているはず。2020年は、厳しい状態に陥るかもしれない、ということが事前にわかるからです。

これは、専門的な星よみでも何でもなく、本当にざっくりしたものなのですが、この程度の星の動きでも、世の中の人があらかじめ知っていたら、役に立つかもしれません。お客さんはたくさんいても、利益が上がらなくなってきたと感じたときに、早めに手当をすることが可能になると思うからです。

次はこっち、を知っておく。
それだけで「安心」が増える

また、いて座には知的好奇心が高まる性質もあるので、2019年くらいまでは、高額セミナーやスクールといったビジネスモデルが流行っていました。それらも、いて座に土星や木星が滞在する期間が終わると下火になるだろう、2020年は土星や木星が入るやぎ座のエッセンシャルな仕事に注目が集まるだろうということが事前にわかるのです。すると、新型コロナウイルスの影響で、本当に、公務員・医療・交通・電気・水道といった社会インフラに関わる人たちに責任が集中してしまいました。また、いて座には拡散の性質があり、やぎ座には縮小の性質があります。2020年は、大きな柱、本業に集中したほうがいい、ということも、これまた感覚として訪れます。

こうした「次はこうなる」という星よみは、別に占星術を知らなくても、勘のいい人ならわかることです。経営者も、ビジネスマンも、みな、そうした自分の中の勘を使っているところはあるはずです。飽和した世界は、誰も利益がとれなくなって、本当に力のある人以外、生き残れなくなる。それは自然の摂理です。それを占星術的な視点で見ると、土星の到来に結びつけて考えられるということです。

やぎ座の象徴する「社会」が書き換わった2010年代

今、私たちはどんな流れの中にいるのか。過去を振り返り、現在への理解を深めてから、未来へと駒を進めたいと思います。まず、2010年代は、2008年にやぎ座に入った変容の星・冥王星の影響がとても強い時代でした。

やぎ座の世界は、自然界で言えば、高い山のようなエネルギー。人間界で言えば、長い時間をかけて作られた伝統社会がやぎ座の管轄です。「年功序列」や「男女の役割分担」による弊害が日本にもたくさんあると思うのですが、やぎ座の負の面として挙げられます。財産を相続する代わりに長男が墓を守り、親の面倒を見るといった日本に根強い「家」意識も、とてもやぎ座的だと思います。

こういったやぎ座の伝統的な価値観は、日本の根っこにあるものです。冥王星によって、それらの価値観は極限まで強められたので、この10年、上の者から下の者へのハラスメントもいろいろあり、問題になりましたよね。行きすぎた行為があり、結果的に関係が破綻して、そこから再生していくというプロセスも、「破壊と再生」の力をもつ冥王星らしくもありました。

冥王星は、私たちの潜在意識と深く関わっていますが、やぎ座の象徴する「社会的な成功や達成」を多くの人が潜在的に願った時代でもありました。冥王星の影響を受け、がんばり続けた挙句、燃え尽きてしまった人も多いように思います。名のある上場企業に勤めて、お給料はたくさんもらえたとしても、職場でいじめがはびこっていたのでは、生きがいのある人生とは言えません。冥王星は、まだやぎ座にありますが、もしいじめられても、その会社の社員であることにアイデンティティを置いてしまう人がいたら、どうか名前や形にこだわることなく、つらい状況から離れられるといいな、と思います。

社会的な序列の中で、
上昇したいと願う人が多かった

地方に出てみると、100年前と変わらない階層社会が地域の中に存在していることがあります。政治家の子どもは、代々政治家だし、何代も商売をしている家なども多い。それらも、とてもやぎ座的な伝統の世界です。「成功や達成、名誉」を求めて、やぎ座的にがんばる人は、そういった社会的な序列による差別や悔しさを人生のどこかで経験していて、一種のコンプレックスから高みへと上昇したいと思っていることも多いのです。パワーハラスメントをする側は、大抵は、上にいる人たち。既得権益を守りたいので、生意気に思える新参者を抑えつけるのですね。「年寄りと若者」「先住者と移住者」というように、さまざまなところで対立が生まれていました。特に、2014年から2016年にかけては、変容の星・冥王星と自立や変革の星・天王星の角度が特にハードだったので、「抑えつける者と抑えつけられる者の戦い」は、顕著になっていました。スポーツや芸能の世界でもパワハラの話題が多く聞かれましたし、テロリズムや難民問題でも同じ原理が働いていました。

でも、2017年末に現実化やルールの星・土星も、やぎ座にやってきました。2020年も春までは土星がやぎ座にあり、冥王星と土星が出会うことになりました。冥王星的な強烈ながんばりには土星が制限をかけたわけですが、その後、新型コロナウイルスが流行し、さらに、社会のあり様を書き換えることになりました。

天王星の移動で
揺れが激しかった2年間

2018年と2019年は、現実化とルールの星・土星と変容の星・冥王星がやぎ座にあり、形だけ高みに登ろうと、他を顧みない人たちをあぶり出していました。欲しいものをよそから奪い取るような勢いで、自分だけが利益を得ようとしていた人を土星は許しませんでした。また、2018年から2019年にかけては、自立や変革の星・天王星のおうし座入りもありました。天王星が以前に移動したのは、2010年から2011年にかけてですが、天王星の移動の前後は、人の気持ちも、気候も、不安定になるのです。2019年は日本では元号が変わりましたから、国全体も揺れていたと思います。

みずがめ座に土星が到来。
パートナーシップが問われた

そして、2020年です。3月22日、土星は、みずがめ座に入りました。ここで、2019年12月発売の『LEE』に書いた私の原稿を引用してみましょう（一部、省略しています）。

みずがめ座は、「横のつながり」である「自由・平等・博愛」のジェンダーフリーな世界。年齢も関係なく、誰もがフェアであるという理想社会です。ただ、土星が入ると、それが強制的になるため、今まで、やぎ座的な古い価値観に従い、みずがめ座の世界の価値観になじみがない人は、ハードさを感じるかもしれません。まず、男性も、女性もなく働くことが求められそう。自己実現ではなく、女性も、男性と同等に生計や税を担う必要が出てきます。でも、それは男性にとっても同様です。家庭では女性が産む性であっても、男性

も平等に家事分担を担うのが今後の社会のスタンダードとなるわけです。男性の育休も当然のフランスや北欧など、個人の生活を優先させたヨーロッパ的なライフスタイルとも言えます。形式や属性、年齢にこだわらないということは、事実婚やフリーランスも増えるはず。

また、みずがめ座の特徴は、単位が「二人」であること。「二人」が「二人」とつながる、さらに、別の「二人」とつながってネットワークを作るので、カップルで動くことが増えるかもしれません。

2020年、新しい時代のスタンダードな価値観をすでに身につけているカップルは、同じように二人で稼ぎ、家事や子育てもすることに違和感がないので、新しい時代の到来にも慌てることがなさそうです。食材やランドリーの宅配サービス、家事代行などが増えた今、共働きの物理的、精神的なハードさがあっても、二馬力で乗り切れるからです。

男性が外で稼ぎ、女性が家で子を育てるやぎ座的なオールドスタイルには男性が仕事に集中でき、社会の経済効率が上がるメリットがあったからです。ただ、夫婦それぞれの世界が共有されないために、お互いの苦労がわからず、溝が深まるのがデメリットでした。でも、お互いに等分の責任を負い、お互いの世界をシェアしてみると、同志のように労わり合い、認め合うことができるはず。そんな風に協調しないと、みずがめ座の土星時代、女性も、男性も、自分の権利を主張し、相手に要求するのに忙しくなってしまうでしょう。お互いを思いやり、労わり合いましょう。それがみずがめ座の意味する本来のパートナーシップです。

引用はここまでですが、いざみずがめ座に土星が入ってみると、在宅勤務や時差出勤をする社会人が多くなり、まるで社会の大多数がフリーランスかのように、やぎ座的な組織から自由になってしまいました。コロナ禍の数ヶ月のステイホームも、考えてみれば、ヴァカンスの習慣があり、個人の暮らしを大切にするヨーロッパ流に近い気もします。コロナ離婚が言われたり、パートナーとの仲が深まったり。自分と、パートナーと向き合わざるを得なくなったというエピソードも連日、報道されました。土星は、確かに、時代のスタンダードを作り出すのですが、あまりの星との符号ぶりに、私も驚かされる日々でした。「こっちの方向に行くだろう」と思ってはいても、3ヶ月程度の滞在では、まだお試しであり、2021年の先取り学習の時期だと思っていたので、ここまで時代がみずがめ座へと一気に加速するとは思っていませんでした。でも、「ソーシャルディスタンス」の概念は、みずがめ座の「距離感とリスペクトをもったつながり」というイメージそのものです。

2021年も、
みずがめ座のエネルギーに

2020年７月２日に、現実化やルールの星・土星はやぎ座に戻りましたから、2020年の秋頃までは、「復興」の流れが加速するはず。もとどおりの日常を取り戻そうとするのです。

ただ、12月17日に土星が、19日に拡大と保護の星・木星が揃ってやぎ座を去り、みずがめ座に入ることになります。土星と木星の出会いも、常にないことでもあり、2021年も、みずがめ座のエネルギーが広く世の中に行き渡るはずです。私たちがこの春、経験したことは、2021年のよい準備になるでしょう。

コロナ禍を通じて、私たちは何を学んだでしょう。生活の中で、どんなことを変えたでしょう。やぎ座が「伝統」であるなら、みずがめ座は、それに反抗するとともに改善します。たとえば、お菓子作りや料理などでのおうち時間の楽しい過ごし方。デスクや椅子を買って、ホームオフィス環境の整備。オンラインを使ったさまざまなレッスン。個人のレベルでも、いろいろあったと思いますが、多くの企業も、根本的に価値観を変えたことと思います。高い賃料を払って、丸の内のビルに入ることはない。全員が同じ場所に集うことはない。会議は、必ずしも顔を合わせてやることはない。毎日、同じメンバーでランチに出かけることもない。そんな風な気づきが生まれたのではないでしょうか。きっと、それは、ほとんどの人がこれまでも内心、思っていたことではあるのですが、やぎ座的なオールドスタイル、つまり慣習として残っていたのですね。

もちろん、オールドスタイルがすべて悪いわけではないのです。毎日、同じメンバーが顔を合わせることで生まれる家族的な雰囲気の中、助け合って、チームで成果を上げる。そんな昭和的な働き方も、いいところはたくさんあると思います。ただ、もう宇宙の時計に合わなくなってしまっているということです。合わないものは淘汰されるので、ウィズコロナの時代が過ぎ去り、ポストコロナの時代になっても、週の半分だけ出社すればいいというように、多くの会社がフレキシブルな働き方にシフトしていくでしょう。

これだけわかりやすく方向が示されたので、今後は、日本人の勤勉さで、その方向に向かって進んでいくこととなり、さまざまなサービスやシステムが開発されるでしょう。となると、今まで在宅ワークをしたいと願っても、なかなか募集がなく、諦めていた子育て中の主婦の方にもチャンスは増えるはず。やぎ座

的な組織の中で管理職になりたい、活躍したいと願う人にとっては、復職は難しいかもしれませんが、個人の暮らしを大切にしながら、仕事もしたいという人には逆に追い風も感じるかもしれません。
実は、2023年に土星はみずがめ座を去るのですが、冥王星がみずがめ座に入るため、さらに本格的なみずがめ座の時代がやってきます。みずがめ座＝デジタル、冥王星＝変容ですから、いわゆる「デジタル・トランスフォーメーション」の波と一致しています。
やぎ座の冥王星による「成功や達成、名誉」を目指す力、他を蹴散らしても上に行こうとするエネルギーは過去のものになるでしょう。「自由・平等・博愛」、そして、「ジェンダーフリー」の概念が深いところで人々を動かしていくことになります。それがポストコロナの時代です。
ただ、それは、ローカルな国家や会社という組織がだんだんに力を失っていくということでもあると思います。頼れるものがなくなるので、男性も女性も、個として自立し、自分の頭で考えながら、進んでいくことになるのです。もちろん、それぞれの性にしかできないこともあると思います。それは、感謝しながら、相手にお願いすればいいのです(同意がなければいけませんが)。お互いの負担が平等になっているかどうか、常にチェックしないといけなくなりそうです。

人間関係が変わるにつれ、社会のあり様も変わっていく

長い間、主導権争いを繰り広げていた夫婦も、2021年以降、真剣に協力し合うことを求められるでしょう。そこでは二人の間にある「絆」が試されます。新型コロナウイルスの影響による休園・休校のように、これから起こるさまざまなことがパートナーシップの試金石となっていくのです。もちろん、絆が再確認されるカップルも多い反面、別れるカップルも多くなりそうです。

デジタル・トランスフォーメーションにより、さまざまなシステムが生まれ、働くに当たっても、ジェンダーフリーの傾向が強くなるので、結婚しないで子どもを産むシングルマザーも増えていくでしょう。また、子どもをもたないカップル、LGBTのカップルなども多くなると思います。みずがめ座の守護星の天王星は、フランス革命の直前に発見されていることから、事実婚が当たり前のフランスのような「個」の感覚が日本にもようやく根づいてきそうです。

豊かさは、自分で作り出せる

もうひとつ、2025年頃まで大切になるのがおうし座にある天王星の存在です。おうし座は、「物質的な豊かさ」を象徴しますが、現象化したものが食べ物であり、お金です。ここに自立や変革の意識をもたらす天王星が入ったことで、豊かさの感覚が変わりつつあります。物質にあまりこだわらない集団も今後、目立ってくると思います。
2021年、おうし座の天王星の意識が強い人たちは、「豊かさは、自分で作り出せる」と考えているので、たくさんの物をもつことはないかもしれません。資金が潤沢になくても、たとえば、田舎に住み、畑や田んぼをもっていれば、お米や野菜が作れます。そこで、鶏やミツバチを飼えば、タンパク質や糖分も、必要なだけとれるはず。「自給自足」というほどではなくても、それなりに豊かに暮らせるでしょう。また、田舎なら、感染症の心配も、それほど深刻ではないでしょう。満員電車や人との距離を考えると、当然ながら、都会の

ほうがリスクは増しますから。

ただ、こうしたおうし座の天王星の性質とみずがめ座の土星の性質は相反するものなので、都市部と田舎ではこれまで以上に暮らしや価値観に違いが出るようにも思えます。最強なのは、両方の世界を理解し、両立できる人。IT企業に籍を置いているけれど、田舎や郊外に住んで、自給自足をしながら、在宅勤務で働く。今後は、そんな人がもっとも生きやすくなっていくかもしれません。実際に、都市部でも菜園付きの賃貸マンションやシェアハウスが登場していますが、「植物とIT」という一種、真逆に感じられるものの組み合わせが、大きな力をもっていくでしょう。

その意味では、ひとつ前のやぎ座的な、「大きな企業に一生、勤めるのがよい」とか、「何でもある、一極集中している東京が絶対によい」といった価値観は、急速に過去のものとなっていく可能性もあります。もちろん、世界的な企業で働き、子どもをインターナショナルスクールに入れるようなスーパーエリートの世界は、今後もあまり変わらないかもしれません。ただ、社会を構成する全員がスーパーエリートになる必要はありませんよね。世界を股にかけて活躍する生き方が合う人はそう生きればいいわけですが、もう少し個人の暮らしを大切に、田舎に住みたいと思う人は、そうした生き方を目指せばいいのです。それがみずがめ座の時代の「多様性」です。

関東大震災後の東京では被害の大きかった低地を嫌った文化人が当時、まだ畑ばかりだった世田谷や多摩地域に移り住んだり、別荘を建てたりして、郊外が開発されていったそうです。今後、全国で、価値をもつ土地も変わっていくかもしれません。また、感染症の心配からも、都会で人が集まって生きることのメリットは、少なく感じられてくるでしょう。すでにフランスではパリから脱出し、郊外や田舎に移住する人たちが出現しているよう。日本でも茨城や群馬など関東近郊に家を求める人が増えているとか。都市部を避け、自然の中に点在するように小さめのコミュニティが生まれ、ゆるやかに人がつながっていくと思います。戦前までの日本では、お寺や神社がコミュニティの中心にありましたが、今後は、オーガニックの野菜のマルシェやカフェ、スパなどになるかもしれませんね。また、企業の取り組みとして、エコロジーに配慮した街づくりも増えていくはず。国の政策としても、ハザードマップにもとづいた、コンパクトシティという構想があるそうです。

センスよく
生活をミニマムに

2020年、前年に消費税がアップしたところに新型コロナウイルスの影響が加わり、私たちの暮らしは、苦しくなりました。今すぐ困ってはいなくても、お金をたくさん遣っていいイメージはありませんよね。みずがめ座の土星時代、生活をダウングレードすることも必要になります。でも、「節約しなきゃ」と思い詰めるより、センスよく生活をミニマムにできるといい、と思います。ひとつ前のやぎ座が「山を登る」世界だとしたら、みずがめ座は、山を登った経験を生かして、より高い鳥のような視点をもったまま、「山を降りる」ときなのです。

占星術もそのひとつ。太陽も、月も、惑星たちも、原子力などの動力がなくてもまわっています。新月も、満月も自動的に起こるのです。天文暦が読めるようになると、お金をかけなくても、本当に一生、楽しめます。

また、「豊かさを自分で作り出す」のがおうし座の天王星ですから、大きな戸建にこだわらなくても、小さなマンションや平屋のほうが快適だと多くの人が思うように。外食に行

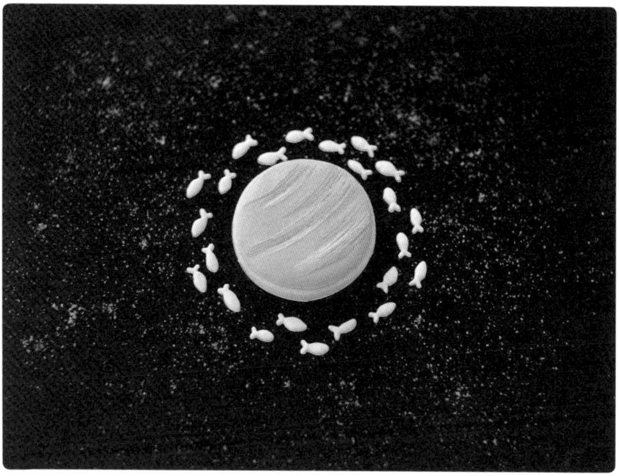

かなくても、家族で料理を作ればいい。出かける機会がないから、服も本当に好きなもの以外は買わなくてもいいし、むしろ自分で作ろうか。時代の空気は、そんな「低め安定」なところが出てくるかも。

企業にしたら、商売がしづらい時代だと言えますね。誰もがお財布を開きにくい時代にどうしたら買ってもらえるのか。そこでは個人のつながりが問われます。どこで買っても一緒なものは、できるだけ安く買おうとするけれど、「あの人から買いたい」と思えば、高くても買うことになる。全国の営業職の方たちにはぜひがんばっていただきたいです。

2021年、
他に目立つ星の動き

2021年は、拡大と保護の性質をもつ木星がとても急ぎ足でみずがめ座を駆け抜け、5月14日から7月28日までは、うお座に滞在します。その後は、12月29日まで、みずがめ座に滞在します。

うお座に以前、木星が入ったのは2010年ですが、2011年以来、境界を溶かす星・海王星が滞在しています。海王星は、うお座の感受性を高めているため、スピリチュアルな意識が高まる反面、多くの人が不安を感じてもいると思います。そんな極限まで高まった不安を木星が癒してくれる予感。時代の変化についていけず、取り残された感覚でいた人、お年寄りや身体の弱い人などの福祉の世界、うお座が象徴する宗教の問題にも光が当たりそうです。いわゆるケアラー(介護や子育てをする人)の苦しみも取り上げられるように。木星は問題があれば、それをさらすので、膿が出されることもありますが、光が当たることで、共依存的な関係も癒されていくはず。また、みずがめ座＝フリーランスと説明しましたが、こちらは技能をもっているために在宅できる専門職のイメージがあります。うお座の木星ではより立場の弱い、非正規雇用の世界にもサポートが入りそう。

2021年は、新しい価値観が力をもつ年ですが、価値観の変化によるショックや混乱という意味では、未知のものに襲われた感覚のある2020年のほうが大きいはず。2020年春の学びにより、2021年は、大変な事態にも慌てずに対応できるようになりそう。

COLUMN

自分のホロスコープを出してみましょう！

p.33からの「星ごよみ」は、生まれ星座（太陽星座）がわかれば読めますが、海外のホロスコープサイト、astro.comを使えば、簡単に、自分の詳細なホロスコープを出すことができます。自分の生まれたときに太陽以外の星がどこにあったか知りたくなった人、また、星座と星座の間に生まれて、自分の太陽星座がどちらの星座か雑誌ごとに違ってわからないという人は、ぜひ試してみてくださいね。

❶ www.astro.comにアクセスする

❷ 右上のメニューをクリックして「日本語」を選択

❸「出生図、上昇点（アセンダント）」をクリックする

※初めてのときのみ、次に、ゲストユーザー（4名まで登録なしでOK）か、登録ユーザー（100名まで無料）かを選択する画面が出てくるので、どちらかを選びます。

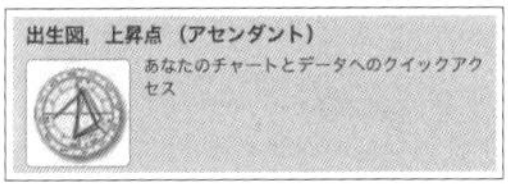

❹ 出生データを入力する

・名前 ・姓 ・性別 ・誕生日 ・出生時間
・出生地（国）・出生地（市町村／区）

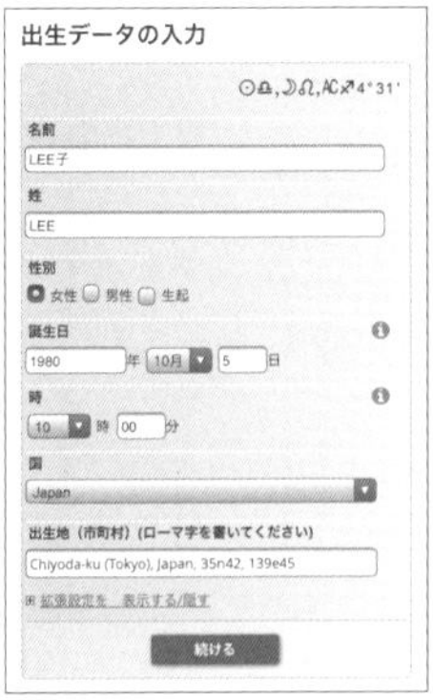

※時間がわからない人は、出生時間不明を選択してください。

❺ あなたの出生時のホロスコープが表示される

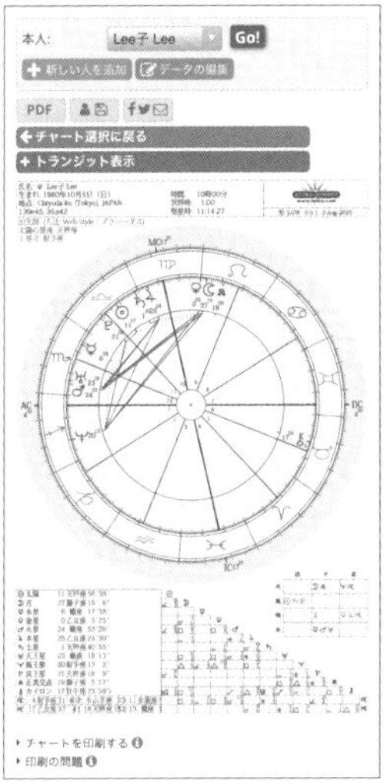

ホロスコープは、あなたが生まれたときの天球と地上の位置関係を記したもの。ACが東の地平線、DCが西の地平線。中央の時計の文字盤のような数字がハウスを示し、ハウスの中にあるのが惑星で、外側にあるのが12星座です。ハウスは、惑星の活動領域です。この場合は、てんびん座の太陽が地上の10ハウスにあるので、昼間に生まれたこと、「キャリアやライフワーク」を志向する魂だとわかります。左下の表には他の惑星の星座もあります。

おまけ

❸の画面で、「出生データによる、さらなるチャート選択」をクリック。チャートタイプで「出生図と進行の新月」、チャート表現様式で「標準のチャート様式」を選び、「クリックしてチャートを表示」をクリック。出生時間がわかる方に限りますが、CHAPTER 6で紹介している「自分だけの新月」のタイミングがわかります。以前の新月がいつだったか、次の新月がいつなのか。興味をもった方は、調べてみてくださいね。

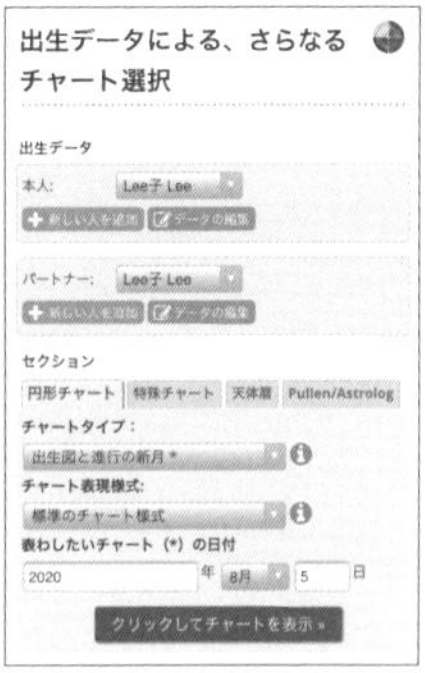

CHAPTER 4

2021年～2025年の全体運と12星座別の運勢

星ごよみ

賢い大人は、星の情報もしっかり受け取り、的確な判断を下すための
材料にしているもの。どんな社会になるのか、個人はどう動けばいいのか。
12星座別の過去10年と現在、そしてこれからの５年の運勢。
星たちがささやきかける声に耳を傾ければ、
困難な時代にもくじけず、あなたが生きるべき太陽が見えてきます。

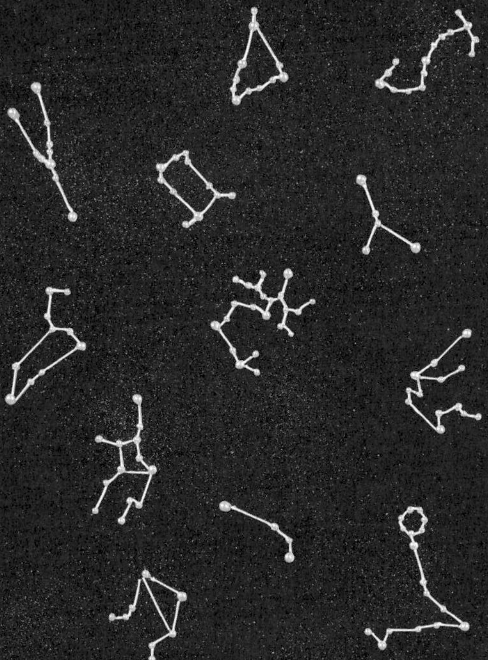

木星と土星がみずがめ座に。新時代の幕開けとなる一年に

2020年の12月17日に現実化の星・土星が、19日に拡大と保護の星・木星がみずがめ座に入ると、12月21日が冬至、22日に土星と木星がぴったりと重なる、グレート・コンジャンクションと呼ばれる星のイベントが起こります。みずがめ座の「風の時代」にダイヤルがカチリと合い、意識の変換が起こるタイミングです。このグレート・コンジャンクションは20年に一度。以前に起こったのは2000年ですから、2021年は、新しい時代の幕開けとなるのは間違いないでしょう。CHAPTER 3で書いたような「ユニセックス」「多様性」「平等」「コミュニティ」「パートナーシップ」「オンライン」がキーワードとなり、現実の事象として表れてきます。

木星は、5月14日から7月28日まで、みずがめ座を去りうお座に。土星はまだみずがめ座にありますが、この時期は、福祉の世界に光が当たります。立場の弱い非正規雇用の方、福祉の世界で疲弊している方を助けようという動きが起こってくるでしょう。7月28日から12月29日は、木星がみずがめ座に戻ります。土星が作ってきたものに木星がよいものを招き入れます。オンラインでの安価な学びの機会も増えるので、みずがめ座的なシステムを整えておいた人ほど、ギフトを受け取れるでしょう。12月19日から2022年の1月29日は、やぎ座で愛と美の星・金星が「逆行」。役割に疲れた女性たちの苦しみも現われてきそうです。

2022

土星は引き続き、みずがめ座に。木星がうお座とおひつじ座を行き来

2021年と同じく、現実化の星・土星がみずがめ座に滞在し、引き続き、「自由・平等・博愛」の精神が世の中のルールになります。「ソーシャルディスタンス」や「ステイホーム」は、当たり前の概念に。2021年末に、うお座に拡大と保護の星・木星が戻ったので、2022年頭から春にかけては、社会から見捨てられていた人たちに再び光が当たりそう。

音楽や映画といった芸術の世界でもムーブメントが起こり、芸術は、人を救うためにあるという意識が強くなります。うお座が象徴する占星術やスピリチュアリティ、宗教といった見えない世界も、さらに流行りそうですが、そういった世界の闇も浮上するでしょう。非正規雇用の方を救済する必要も出てくるはずです。

5月11日には木星が、25日には守護星の行動や戦いの星・火星もおひつじ座に。「自分で決めて、行動する」ことが大切なとき。人と違うことをするエネルギッシュなタイプが時代の寵児になりそう。今いる場所に見切りをつけ、新しい土地で再出発する人も増えるはずです。

ただ、10月28日から12月20日は、木星が再び、うお座に戻ります。ここではまた救済を求める声が高まるでしょう。10月30日から、火星がふたご座で「逆行」。2023年の1月13日まで続きますが、舌禍が起こりやすいので、注意が必要です。

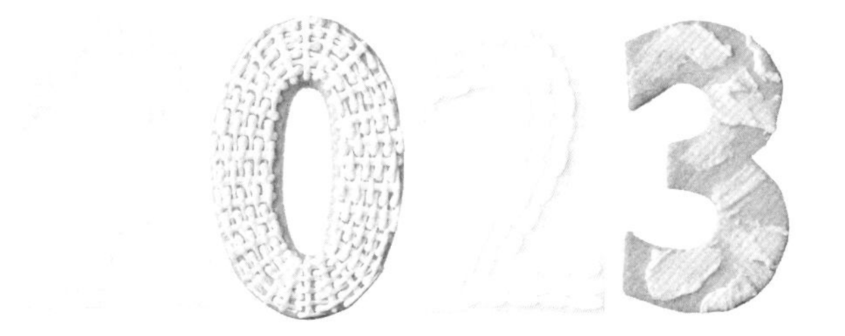

冥王星がみずがめ座に、土星がうお座に入る大変化の年

年頭は、拡大と保護の星・木星がおひつじ座に。新しい人生や自分自身をもつ人への憧れが強く表れます。大きなシフトは、3月のこと。3月7日に現実化やルールの星・土星がみずがめ座を去り、うお座へ。2022年以上に社会的弱者の支援が急務に。宗教や精神世界の問題もニュースになりそう。さらに、3月24日に変容の星・冥王星がみずがめ座に入ります。「社会的な序列の上位に行く達成や成功」をよしとしていたやぎ座的な時代の価値観は、ここで、みずがめ座的な「自由・平等・博愛」へとシフトします。システムやAI(人工知能)が力をもつでしょう。

時代の変わり目の訪れとともに、高齢の方が事業をたたむケースも増えるかもしれません(古い価値観を捨てられない人は、6月11日に冥王星が一時的にやぎ座に戻ることから、もう一度がんばってみようと思うかもしれません)。みずがめ座の「合理性」が人生の選択の基準になるので、財産や名前、世間体にこだわることはないという価値観が浸透します。

冥王星のみずがめ座入りによって、世界的なIT企業でも急速に力を失うことがあり得ますし、そこで復興を遂げると、以前とはまるで違うものになることも。業界の再編が進みます。個人の自由を抑えつける支配的なパワーも冥王星にはあるので、「ネットでは匿名で、自由に発言できる」という常識は過去のものに。すでに始まってはいますが、インターネット上での誹謗中傷は、追跡され、逮捕されるようになりそうです。さまざまな事務手続きがオンラインで済むようになり、高度な管理社会がスタートするでしょう。

多様化がさらに進み、ボリュームゾーンに向けて物を売ったり、政策を打つことが難しくなります。個々に対応すると際限がないために、「一律、平等」に行うように。2020年の定額給付金から、その傾向は出ていますが、いい面としては、ベーシックインカム的な施策で生活困窮者が助けられる可能性があること。デメリットとしては、個人差が配慮されなくなることが挙げられます。コミュニティの再編が進むとともに、古い人間関係の分断や文化の破壊が問題になりそう。

5月17日に木星がおうし座に入ると、自立や変革を表す天王星とともに働き、ITの世界で働きながら、田舎に拠点を置くスタイルがさらに脚光を浴びそう。意識が進んでいる人ほど、自然の中に住むように。野菜やお米の他、家や家具などを自分で作れる＝豊かさを創造できる人の価値が高まりそう。ログハウスやスモールハウスが流行るかも。デジタル社会に疲れ、植物に救いを求める人も多くなるはず。

一方、6月11日に冥王星がやぎ座に戻ることから、2023年後半は、「もとに戻したい」という心理も強く働きます。7月23日から9月4日は、しし座で金星が「逆行」。自分らしくありたいという気持ちも高まります。ダイナミックな変化が起こる春先と、揺り戻しが起こる後半というコントラストのハッキリした一年に。

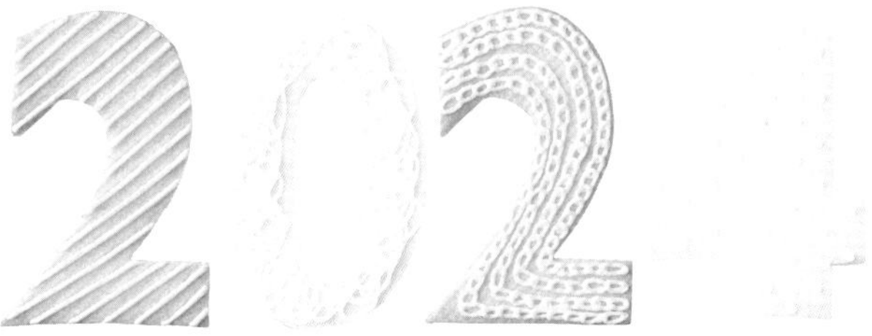

1月に冥王星がみずがめ座に戻り、みずがめ座のエネルギーが浸透する

年頭は、変容の星・冥王星がやぎ座に戻っており、拡大と保護の星・木星、自立や変革の星・天王星がおうし座に、現実とルールの星・土星、境界を溶かす星・海王星がうお座にあります。やぎ座、おうし座、うお座の女性星座に星たちが集まる中で、2024年はスタートします。

やさしさや思いやりが強まるとともに、どこか相手に依存し、コントロールする面も。言葉ではきれいな理想を言っていても、実は、お金が欲しくて、相手から奪おうとする人も目立ちそう。「誰か一人でも傷つく人がいるなら、できない」というように、思い切った企画や施策がやりづらいイメージもあります。誰も傷つけない、やさしい人ばかりが登場するテレビドラマなどが流行るかもしれません。

でも、1月20日に太陽がみずがめ座に入ると、翌日の21日に冥王星もみずがめ座に戻ります。さらに、2月5日に思考や伝達の星・水星が、

２月13日に行動や戦いの星・火星が、２月17日に愛と美の星・金星がみずがめ座へ。みずがめ座の「合理性」「平等さ」の風のエネルギーがこのひと月で、世の中にあまねく広がりそう。

みずがめ座の合理的なエネルギーのおかげで、腹を探り合うような雰囲気はなくなります。人と人とのネットワークという象意がみずがめ座にはありますが、それが冥王星によって管理されるように。大胆な制度やサービスが新しく生まれる可能性もあります。

５月26日に木星がふたご座へ入ると、ふたご座も風の星座なので、風のエネルギーがさらに強まります。ふたご座の象徴する「情報」も、みずがめ座の冥王星によって管理される可能性も。生活は、どんどん便利になっていきそうですが、窮屈さを感じることも。

９月２日から11月20日にかけて、冥王星がやぎ座に戻ると、一時的に古い価値観が復活しますが、11月20日以降、冥王星は、みずがめ座に入りきります。１月から３月にかけて、大きく広がり、９月まで続いたみずがめ座のエネルギーがさらに強められます。「自由・平等・博愛」のみずがめ座的な価値観が誰の心の中でもサブリミナルに働き、力をもつことになるのです。教育や社会システムも変わっていくでしょう。

12月７日からはしし座での火星の「逆行」もあります。2024年末から2025年前半にかけて、「自分らしくありたい」という思いが強くなりそう。生きている実感を得たいという思いが多くの人の原動力になっていきます。

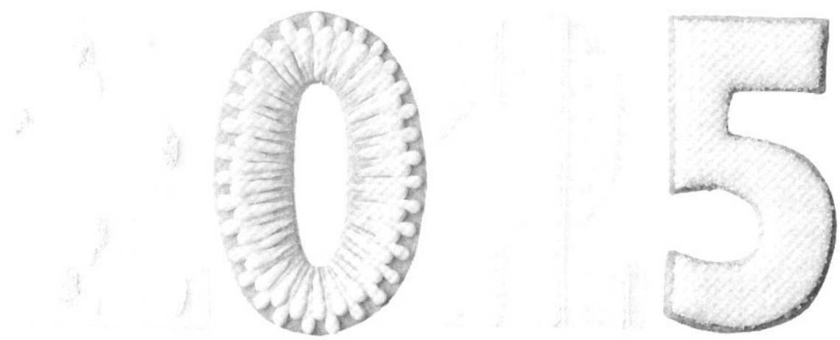

海王星、天王星、土星、木星。星が派手に動く大変動の一年

2025年前半は、行動や戦いの星・火星の「逆行」もあり、かに座とし し座に火星が長く滞在します。みずがめ座にある変容の星・冥王星による均一な価値観が世の中に浸透しますが、それに逆らうように、「自分らしくある」こともテーマに。機械に人間が命令されるかのようなみずがめ座の冥王星の時代に嫌気がさした人たちは、人間らしく生きたいと考え始めるのです。生命の喜びを感じるために、演劇や映画のワークショップを通じ、創造的な活動に興じる人が増えるかもしれません。

2025年は、３月末に境界を溶かす星・海王星が、七夕に自立や変革の星・天王星が星座を移動します。これは、とても大きなこと。天王星と海王星が以前に揃って動いたのは、東日本大震災があった2011年です。また災害があるというわけではありませんが、人々の意識や価値観は、さらに変容していきそう。2025年は、５月には現実化やルールの星・土星、６月には拡大と保護の星・木星の移動もあります。大きな惑星が毎月のように星座を移るという、めったにない年なのです。

詳しく見ていくと、まず、３月２日に愛と美の星・金星がおひつじ座で「逆行」を始める中で、３月30日に海王星がおひつじ座へ入ります。海王星は、夢やビジョンを表しますが、これまではうお座のどこか霊的な、スピリチュアルな世界に人々を惹きつけていました。今度は、「直観で動き、新しいスタートをするおひつじ座的価値観への憧れ」として働いてくると思います。うお座の海から陸に上がるおひつじ座のイメージそのままに、新しい土地に惹かれる人が多くなるでしょう。成熟しきった、飽和した場所から人々が離れ、チャンスを求めて動き出します。『大草原の小さな家』のような、ほろ馬車のキャラバンが頭に浮かんできます。今の時代なら、キャンピングカーでしょうか。

海王星を追うように、５月25日には土星がおひつじ座へ入ります。土星は時代のスタンダードやルールですから、海王星がもたらすビジョンを即座に現実のものにしなければいけない星まわり。新天地を目指す開拓のイメージがありますが、サバイバルや競争、人生に勝ち負けを求めるところも、おひつじ座の土星のネガティヴな面として出てきそう。

さらに、６月10日には木星がかに座に入ります。家族や住まいのあり方など、心と身体の「安全な居場所」を求める声が強くなります。３月から５月にかけて、新しい土地へと移動した人も、ここで、ひと息つくことでしょう。

そして、７月７日に天王星がふたご座へ入ります。ふたご座は、「コミュニケーションや語学、知識」の世界です。真実を知りたいという声が高まり、ウェブを中心に独立系のメディアが増え、ジャーナリズムがこれまでとは違う形で盛り上がるかもしれません。初めは、会員制のサイトで動画を配信するといった程度の小さな盛り上がりかもしれませんが、大きな流れになることも。生活の中でもあちこちで活発に意見が交換され、新しい時代を作っていきます。昔の寺子屋レベルでも、各地にそうしたグループができていきそう。

９月１日には土星が、10月22日には海王星がうお座に戻りますが、海王星は、2026年の１月27日に、土星は、２月14日におひつじ座へ。天王星も、11月８日には一時的におうし座へ戻りますが、2026年の４月26日にはふたご座に入りきります。おひつじ座の海王星とふたご座の天王星の時代へとシフトしていきます。おひつじ座の海王星の影響で新しい人生を夢見る人が多くなる中、大切なのは、ふたご座の天王星がもたらす本当の知性です。リサーチする力、本物と偽物を見分ける力と言ってもいいかもしれません。自分を助けてくれる、正しい情報を選ぶリテラシーが必要になるでしょう。

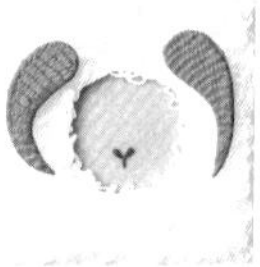

おひつじ座の2021年~2025年

Aries 3.21 - 4.19

この10年のあなた

自立と独自性を保つため、孤独に戦った時代

自立や変革の星・天王星は、2011年の3月12日から、長い間、おひつじ座にありました。一人で立ちたいという気持ちが強くなり、悩みを他の人に相談できなかったり、自分らしさを維持したくて仲間を作らないでいたり。一匹狼として活動していたかもしれません。

そんな自立を目指す姿勢が組織では生意気と思われ、支配的な人物にハラスメントを受けていたおひつじ座さんも多くいました。個人セッションでは、おひつじ座を悪者と決めつける会社と裁判で争っていた人。親族と遺産争いで揉めていた人、転職を繰り返すものの、他の人とうまく関わることができず、職場の人を下に見ることで自尊心を保っていた人などのご相談を受けました。変容の星・冥王星がハードな角度だったこと、おひつじ座の守護星である戦いの星・火星の性質からか、「争いと裁判」がキーワードでした。弁護士への相談が一般的になる時代ともシンクロしていたはずですが、天王星によって、火星のスイッチが入っていたのかもしれません。実は、星や法律に助けを求めるのはいいほうで、一人で悩んだまま、誰にも相談できないでいた人も多かったはずです。おひつじ座のアーティスト性が抑圧される時代でもありました。

2020年の今の立ち位置

孤独な戦いの終わり。少数の人と信頼を育てて

2018年の5月から11月にかけて、自立や変革をもたらす天王星は、おひつじ座の頭上を去りました。2018年11月に一度、戻ってきましたが、完全に去ったのが2019年の3月のこと。これ以降、プライドでがんばっていたおひつじ座の人も気力がなくなったようで、今までの仕事を辞めるなど、転機が訪れたかも。2020年は、3月22日から7月2日まで、時として制限をかける土星が「仲間や未来」のエリアにあったことも、あなたに大勢の人とつながることを躊躇させ、孤独な気分にさせたはず。信頼できる一部の人とだけ、関係を作る時期でした。

でも、7月2日に土星が「キャリアやライフワーク」のエリアに戻ると、変容の星・冥王星や拡大と保護の星・木星の影響で、社会生活では復活の流れがありました。気力がついていかない面もあるものの、失うものもある反面、得るものもある。社会や人を見る眼が磨かれる中で、2020年後半は過ぎていくはず。

2021年のあなた

人と距離を保ちながら、落ち着いた日々を過ごして

2020年の12月17日に現実化やルールの星・土星が、19日に拡大と保護の星・木星が「仲間や未来」のエリアに入ります。2021年は、会社勤めだった人も、フリーランスやリモートワークなど、これまでより自由な働き方にシフトしそうです。2020年の春の「人と距離を保つ感じ」が再び戻ってきますが、一人の時間が確保されるのは、おひつじ座にはきっとプラス。落ち着いた日々を過ごせそう。オンラインでのつながりに限ると、人付き合いは、今後も増えていきそう。

一方、2019年の３月におひつじ座を抜けた自立や変革の星・天王星は、「経済や豊かさ」のエリアにあります。自分は田舎に住んで、自然の中で暮らしながら、オンラインで人と交流するようなライフスタイルを送りたくなりそう。直観的なおひつじ座のこと、すでにその道に進んでいる人もいるでしょう。

木星は、５月14日から７月28日まで、ひとつ前のエリアにやってきます。2018年頃から徐々に強くなった、置いていかれたような不安感はやわらぎそう。あなたのお人よしの顔が強く現れて、福祉の世界でのボランティアや介護の仕事に興味を惹かれることもありそうです。

2022年のあなた

おひつじ座に木星と火星が。やりたかったことに挑戦を

2021年の12月29日に、拡大と保護の星・木星がひとつ前のエリアに再び入って、2022年を迎えます。現実化やルールの星・土星は、変わらず「仲間や未来」のエリアにあり、人間関係は信頼できる人に限られています。ボランティアへの傾倒もありそうです。

静かな生活は、春になると変わります。５月11日に拡大と保護の星・木星が、25日に行動や戦いの星・火星がおひつじ座にやってくるからです。「仲間や未来」のエリアの土星によって制限はありますが、一種の開き直りの感覚も。「やりたかったことを思いきりやろう」と人生を楽しむ姿勢が出てきそう。火星は、おひつじ座の守護星なので、大胆な行動に出たくなります。追われるより追いかけたくなり、誰も考えつかないアイデアで、周囲を引っぱっていけそう。

木星により、ありのままのあなたの魅力が強く現れます。おひつじ座は、デスクワークよりも現場で動きまわり、「自分らしさ」を発揮しているときに喜びを感じます。書類仕事はあまり得意ではなく、生まれつきのプランナー、デザイナーです。まだ世の中にないコンセプトをインスピレーションで生み出します。10月28日から12月20日にかけては、木星がおひつじ座を去り、ひとつ前のエリアに戻ってしまいますが、この頃は年頭から考えていたボランティアなどを実行するのに最適です。芸術やアート活動にいそしむのもいいでしょう。

2023年のあなた

木星がおひつじ座に滞在する中、将来設計を真剣に考える

2022年の12月20日に、拡大と保護の星・木星が再びおひつじ座に。そのうえで迎えるのが2023年です。年明けは、2022年の流れが続いていますが、３月には大きな変化が待っています。

３月７日に現実化の星・土星がひとつ前のエリアへ、24日に変容の星・冥王星が「仲間や未来」のエリアに入るからです。おひつじ座は、「今、ここ」ややりたいことに集中するタイプ。将来について、あまり考えてこなかったという人も、人生設計を再考するかもしれません。周囲の人間関係も、大きく変わりそう。これまで軽い気持ちで参加していたボランティアや地域の助け合いがあれば、土星は、もっと真剣になるように促すでしょう。

５月17日に拡大と保護の星・木星がおひつじ座を去り、「経済や豊かさ」のエリアに入ると、このエリアには自立や変革の星・天王星が滞在しているので、特に自分で生活必需品を作り出せる人には幸運の流れ。家庭菜園で野菜を育てて、それをマルシェにもち込むとお金になるというように、意外なところに豊かさの種が落ちているかもしれません。

ただ、６月11日に冥王星は、一時的に「キャリアやライフワーク」のエリアに戻るので、従来の仕事が忙しくなり、副業は一時、お預けとなるかも。

2024年のあなた

2月から8月までは、さらに未来について熟考を

年の初め、変容の星・冥王星が「キャリアやライフワーク」のエリアに、拡大と保護の星・木星や自立と変革の星・天王星が「経済や豊かさ」のエリアに、現実化の星・土星と境界を溶かす海王星がひとつ前のエリアにあります。これまで目指してきた「豊かさの扉」が開かれそう。

でも、１月21日に冥王星が「仲間や未来」のエリアに再び入ると、2023年の春もあなたを悩ませた、「未来を変えなくてはいけない」という焦りにも似た感覚が再びやってきそう。ぼんやりと考えていた、「こうなるであろう」未来ではなく、今の時代に合わせた思いきった変化が必要なのでしょう。５月26日には拡大と保護の星・木星が「環境や伝達」のエリアに入るので、オンラインを通じて、新しいコミュニティに参加するなど、世界を少しずつ広げてみて。

ただ、９月２日から11月20日に変容の星・冥王星が一時的に「キャリアやライフワーク」のエリアに戻ります。2024年は、従来の仕事と新しい副業というように、状況がコロコロと変わりやすい年です。社会情勢など自分以外のものに振りまわされやすいので、軸をしっかりもちたいですね。

2025年のあなた

おひつじ座に海王星と土星が。夢やビジョンを現実のものに

2024年の11月20日に変容の星・冥王星が「仲間や未来」のエリアに入りきり、迎えるのが2025年です。

2025年は、おひつじ座にとって、とても大きな変化の年となるでしょう。まず、3月30日に境界を溶かす海王星がおひつじ座へと入ります。海王星は、新しい夢やビジョンをおひつじ座にもたらすことになり、常識から考えるとあり得ないことにも挑戦したくなりそう。一攫千金を夢見て旅に出ることすら、ありそうです。

5月25日には現実化の星・土星も、おひつじ座にやってきます。土星は、時代のルールであり、スタンダードを作るので、3月に海王星の到来で抱いた夢を実現する必要に迫られるかもしれません。人に合わせたり、時流に流されたりすることなく、「自分で決める」ことがとても大切に。星たちは、「直観を受け取れ」「頭を使え」と、あなたをせっついているようです。

6月10日には拡大と保護の星・木星が「居場所」のエリアに。そして、7月7日には自立や変革の星・天王星が「環境や伝達」のエリアに入ります。新しい居場所や環境を見つけて、そこに飛び込んでいくことがマストに。また、自分で決めたことでも、わからないことがあれば、詳しい人に教えを請い、素直に学ぶ姿勢も必要です。プライドから強がるのは、もっともやってはいけないこと。

9月1日に土星が、10月22日に海王星がいったんおひつじ座を去りますが、2026年の1月27日には海王星が、バレンタインには土星が再び、おひつじ座に入ります。天王星も、2025年11月8日にいったん「経済や豊かさ」のエリアに戻りますが、2026年の4月26日には「環境や伝達」のエリアに入りきります。自分の専門となる仕事や趣味の「種」を見つけて育てる。古い場所にとらわれず、新しい場所で自分を生かす。おひつじ座にとって、2025年は、そんな一年に。

2021年からの5年間は、人に合わせた「かりそめの自分」ではなく、本当の自分を生きるとき。あなたが望んでいるのは自分の力で生きるサバイバル。人を蹴落とす競争ではなく、好きなことを積み上げていくと、人からの評価も自然と得られます。精神的にも、経済的にも、他者に左右されない強さを身につけましょう。そのうえで、2025年は、あなたにとって、正念場になりそうです。この5年、どう過ごしてきたかが問われることに。2025年を目指し、本当にやりたいことを考えてみて。あなたの才能を〝人のため〟ではなく、自分のために遣うときなのです。

おうし座の 2021年~2025年

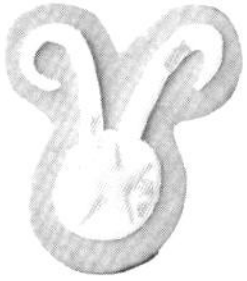

Taurus 4.20 - 5.20

この10年のあなた

天王星の到来で、じりじりと自立を迫られる

おうし座とはどんな人かと聞かれたら、「食いしん坊」といつも答えています。実際、おいしいお店にも詳しくて、「ミシュラン２つ星のランチに行こう」なんて、誘ってくれるのは大抵、おうし座の友人。大変なときも、不満を漏らしたり、ひとつ前のおひつじ座さんのように戦ったりはしません。じっとこらえて、自分の中に抱え込み、ストレスすら、もぐもぐと食べているように見えるほど。可愛らしい外見とは裏腹に、何ごとにも動じない、揺らがなさがもち味です。

そんなおうし座は、本来、とても受け身な星座です。愛と美の星・金星に守護されていることから、子どもの頃から、愛されてきた人が多いのです。ただ、この10年は、2018年から2019年にかけて、自立や変革の星・天王星がおうし座に入ったことから、気持ちには変化もあったのでは。待っていれば、いつか素敵なことが起こるという夢が裏切られることも増えてきて、見えないところで、孤独感がだんだんに降りつもっていた10年だったかも。大人になることを迫られていたのです。

2020年の今の立ち位置

天王星の影響で、突出した存在になった一年

自立や変革の星・天王星は、2019年の３月におうし座に入りきりました。戦後の日本は、憲法記念日からおうし座とも言われるのですが、日本という国自体、御代が変わるなど、自立を迫られていると思いませんか。おうし座のあなたもそう。生まれついての愛される才能から、意識せずとも周囲から突出した存在になってしまったのが2020年のはず。天王星により、大きな世界へと押し出されることで、身につけてきた文化とは異なる相手と接しなければいけない流れもありました。

また、３月22日から７月２日まで、現実化の星・土星が「キャリアやライフワーク」のエリアに滞在したことから、職場では管理職に抜擢されるなど、これまで経験のない仕事にトライしている人も多いはず。必要なのは、「与えられ、愛されるのを待つ」自分から、「見返りを求めずに与える」自分へのシフト。自ら手を差しのべ、他者によい影響を与えるようにすると、人生はさらに、すばらしいものに。

７月２日から12月17日までは、土星が「ステップアップ」のエリアに戻ってきます。たとえば、一度、管理職を経験してみると、まだ学ばなければいけないことが

多いとわかって、資格の勉強をするなど気づきも。現場の声をしっかり聞く必要もあるでしょう。〝やり直し感〟があるのが2020年後半と言えそう。

2021年のあなた

得意なことを生かしながら、社会としっかり関わる

2020年の12月17日に現実化やルールの星・土星が、19日に拡大と保護の星・木星が「キャリアやライフワーク」のエリアに入ることから、2021年のあなたは、「社会生活」に挑戦することになりそう。お金を稼ぐための仕事とも限りませんが、長く主婦でいた人も、例外ではありません。在宅で仕事を始めるにもよいタイミングですし、たとえば、経理業務のアウトソーシングなどは、しっかり者のおうし座にぴったりです。

また、おうし座の本質には〝豊かさ〟があります。おうし座の自立や変革の星・天王星の「自分で豊かさを作り出す」視点に立つと、自分が得意なことをお金に換えるには何があるか、見えてくるはず。おうし座には料理や節約、収納などの家事が得意な人が多いので、家事代行ができるかもしれません。「自分には何もできないから」と謙遜していると、手の中の宝物を見逃してしまうものです。自分の引き出しを棚卸ししてみると、思いがけない才能が眠っていることに気づくはず。

５月14日から７月28日にかけては、木星が「仲間や未来」のエリアに入ります。あなたが本来もっている豊かな感受性や才能を開き、多くの人と関わることが大切に。それによって、相手のことも助けられますし、相手からも得られる。お互いに助け合うことに夢を感じられそうです。

2022年のあなた

困っている人の手助けが豊かさを呼び込むとき

現実化の星・土星は、まだ「キャリアやライフワーク」のエリアにあるので、仕事や社会生活を通じたチャレンジは、2022年も大きなテーマとなりそうです。それに加えて、「困っている身近な人を助ける」という視点をもつとよさそう。2021年の12月29日に拡大と保護の星・木星が「仲間や未来」のエリアに再び入るからです。子育てが終わった人なら、自分が得意な家事で年下のママたちを応援する。保育所の数が足りていないエリアなら、仕事として、子どもたちを預かってあげる。得意な料理で、お年寄りの食事を届ける宅配を始める。視野を広げてみると、きっといろいろな可能性があるはずです。

でも、５月11日に木星が、25日に行動や戦いの星・火星がひとつ前のエリアにやってくると、一人になりたくなります。10月28日から12月20日は、木星が再び、「仲間や未来」のエリアへ入ります。夏の間に休んだ分、パワーアップして、「人助け」をがんばれるはず。

2023年のあなた

社会との関わりがさらに進む。後半は、木星もおうし座に

2022年の12月20日に、拡大と保護の星・木星が再びひとつ前のエリアに。2023年頭も、大きな変化は感じないかもしれません。でも、2023年の春には大きな星のイベントがあります。

3月7日に、現実化の星・土星が「仲間や未来」のエリアへ。さらに、3月24日に、変容の星・冥王星が「キャリアやライフワーク」のエリアに入ると、社会との関わり方が大きく変化していきそうです。2022年からの「人助け」の流れが使命感にまで高まり、ボランティアにいそしむかも。仕事や社会生活への参加も、自分自身の意思とは関係なく、当たり前に進んでいくことになりそうです。

2023年は、楽しいことも待っています。5月17日に木星がおうし座にやってくるので、注目を浴びやすいのです。未来のために種を蒔くときなので、やりたいことにはどんどん挑戦してみて。現実に土を耕して種を蒔き、植物が育っていくガーデニングや野菜づくりも、おうし座の心をとらえるでしょう。

ただ、6月11日には冥王星が「ステップアップ」のエリアに戻るので、がんばりすぎの傾向も残っています。努力するのは素敵なことですが、サステナブルに続けるためには無理をしすぎないことも大切です。すべてを欲ばってパンクしないように、ワークライフバランスを整えて。女性の役割を引き受けすぎると燃え尽きてしまうでしょう。できないことはノーと言う強さも身につけて。

2024年のあなた

社会が大きく変わる中、独立性を保つことがテーマに

2024年頭は、拡大と保護の星・木星と自立や変革の星・天王星がおうし座に滞在します。世の中の喧騒とは離れたところで、一人で過ごす傾向がありそう。現実化の星・土星と境界を溶かす海王星は、「仲間や未来」のエリアにあります。理想を追う共同体や団体との関わりが増えるかもしれません。

でも、1月21日に変容の星・冥王星が「キャリアやライフワーク」のエリアに再び入ると、冥王星が社会にもたらす荒波に、あなたもさらされそう。在宅ワークやデジタル・トランスフォーメーションなど社会のデジタル化の影響を強く受けます。5月26日に木星がおうし座を去ると、経済的にはよい流れがやってきます。そして、9月2日から11月20日に冥王星が一時的に「ステップアップ」のエリアに戻ると、また「一人でがんばる流れ」が戻ってきますが、11月20日以降は、冥王星が「キャリアやライフワーク」のエリアに入りきり、パートナーシップがカギに。社会の変化にフレキシブルに合わせていくことが大切です。

2025年のあなた

時代の荒波にさらされる。経済的にも自立の流れ

2023年と2024年は、おうし座にとっての「ステップアップ」のエリアと「キャリアやライフワーク」のエリアを変容の星・冥王星が行ったり来たり。時代の波に翻弄されがちだったかも。でも、冥王星が「キャリアやライフワーク」のエリアに入りきる2025年は、冥王星がもたらす「自由・平等・博愛」の精神がおうし座の心の深いところにまで浸透してきます。対等でありたいと願い、管理職になろうとしたり、在宅ワークできる仕事を始めたり。マインドが変われば、現実も変わるのを実感しそう。

3月30日に境界を溶かす海王星がひとつ前のエリアへ入ると、受け身の自分が嫌になり、直観で動きたくなります。5月25日には現実化の星・土星もひとつ前のエリアへ。やるべきことが定まってきます。

6月10日には拡大と保護の星・木星が「環境や伝達」のエリアに。7月7日に自立や変革の星・天王星がおうし座を去り、「経済や豊かさ」のエリアに入ります。引っ越しをしたり、転職したり、会社を辞めて独立したり。殻を破って、新しい世界へと足を踏み入れて。「人に伝える」機会も増えるので、センスだけでは乗り切れなくなります。知識や情報を貯えていきましょう。

9月1日には土星が、10月22日には、海王星が「仲間や未来」のエリアへ一時的に戻ります。天王星も、11月8日には一時的におうし座に戻ります。そのため、秋の間は興奮がおさまりそうですが、海王星は2026年の1月27日に、土星は2月14日に再び、ひとつ前のエリアに。4月26日には天王星がおうし座を去り、「経済や豊かさ」のエリアに入りきります。経済的な自立が求められるように。

生まれつきの魅力から、ありのままで愛されてきたあなた。世の中の誰もが家族のように接してくれることが当たり前だったかも。でも、それでは物足りなくなるのが2021年から2025年の5年間。自分の能力やキャリアを認めてほしくなるのです。社会の側も、これまでより、結果を求めてきます。それが仕事という人も、また家族のために家庭で働く人もいるでしょう。仲間とともに新しい社会を作るという夢に惹かれつつも、最後は自分の力。五感やセンスに優れ、やさしいあなた。大切なのは、人に頼らなくても自分でやれる、と信じることです。

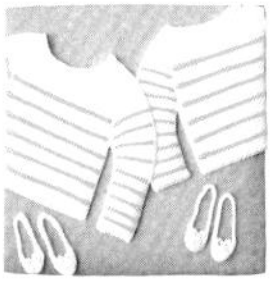

ふたご座の
2021年~2025年

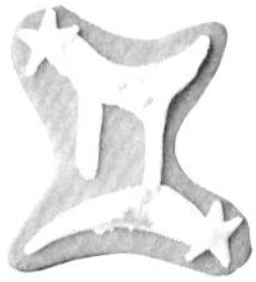

Gemini 5.21 - 6.21

この10年のあなた

スノッブなほど時代に敏感。理想と伝統の間で思い悩む

ふたご座は、複雑な星座です。パッと見の印象は、思考や伝達の星・水星が守護するだけあって頭の回転がよく、とてもおしゃべり。束縛されるのを嫌い、自由と社交を愛しています。でも、そうした面は、ふたご座を氷山にたとえたら、ほんの一角にすぎません。スノッブと言っていいくらい、時代に敏感な態度と真逆の、保守的な面を併せもち、常識やルールで自分を律していることがあるのです。

ふたご座さんたちは、伝統が重んじられる家庭やコミュニティに生まれ育っていることも少なくありません。たとえば、自分は東京出身でも、両親が地方出身であれば、その人にはその地方の価値観が染みついていても当然です。また、両親のどちらかに男の子を重んじる古い価値観があり、その中で男兄弟との扱いの差にさびしい思いをしたタイプなども見かけます。競争心が強いのも、新しいものが好きなのも、本当は、誰よりもまじめで、伝統を重んじるところがあって、「こうでなくてはならない」と自分に言い聞かせているゆえなのかも。「理想」とするユニセックスな世界観と、「現実」の自分に根づいている伝統的な価値観が乖離しているところがあるのです。

そんなふたご座のあなたにとって、この10年は、恋愛や仕事、パートナーシップにおいて、試練と感じることが多かったかもしれません。現実の責任が重くなるとともに苦しくなり、軌道修正をしたいと思っているけれど、なかなか抜け出せない。競争心から、親しい人にも弱みを見せられない。そんな風に、ふたご座特有の軽やかさを忘れ、人生のエアポケットに落ちてしまっていた人も多かった気がします。

2020年の今の立ち位置

気が楽になるとともに、人生の新たな目標ができる年

見えない蜘蛛の巣にからめとられていたような時代は、2019年で終わりました。これまで、本当はもうつらくなっているのに、それを見ないようにしてがんばってきたことも、「やめてもいい」と思えるようになったのでは。

2020年は、３月22日から７月２日にかけて、現実化の星・土星が「ステップアップ」のエリアに滞在していました。新しい目標が生まれ、帆走してくれるパートナ

ーのありがたさを感じたのでは。パートナーは、夫婦とは限らず、上司や先輩、ビジネススクールの先生かもしれません。心から尊敬できて、でも、偉ぶることがない。そんな人生を拓いてくれるメンター(指導者)とこの春、出会えた人は、今後、人生が大きく変わることでしょう。

7月2日から12月17日までは、土星が「潜在意識」のエリアに戻ることから、またエアポケットに取り残されたような気持ちになるかもしれません。でも、今は、あなたを応援してくれる人たちがいます。この時期だけはガムシャラにがんばっていると、自然と未来が見えてくるはずです。

2021年のあなた

ジェンダーフリーのパートナーシップを追求してみる

2020年の12月17日に現実化の星・土星が、19日に拡大と保護の星・木星が「ステップアップ」のエリアに入り、そのうえで、2021年を迎えます。ふたご座は、男女の役割分担や年功序列にも意外と従うところが。そのため、夫にも献身的に尽くし、ワンオペで家事、子育て、仕事に走りまわっていたりします。でも、2021年は、パートナーとの帆走が重要になるので、夫にも家事のかなりの部分を引き受けてもらうなどを心がけてみて。それは仕事でも同様。一人で引き受けないことが大切です。

また、2021年の5月14日から7月28日にかけては、拡大と保護の星・木星が「キャリアやライフワーク」のエリアによい流れをもち込んでくれます。心配していたことが思いがけず解決したり、関わっているプロジェクトに大きなチャンスの風が吹いたり。活躍のチャンスが用意されそうです。

2022年のあなた

人生の目標をリセット、自由な発想をもつ人と交流を

2021年の12月29日に拡大と保護の星・木星が「キャリアやライフワーク」のエリアに入りきったうえで、2022年を迎えます。キャリアにおいて、よい流れがもたらされる一方、土星はまだ「ステップアップ」のエリアに滞在しているので、人生の目標を再検討してみて。対等に意見を出し合い、アイデアを交換できる人とのパートナーシップが今年もカギになります。地域の問題点を解決するようなボランティア、NPO活動なども、すばらしい感動を与えてくれそう。

5月11日に木星が、25日に行動や戦いの星・火星が「仲間や未来」のエリアに入ってからは、従来のやり方にこだわらずに、未来につながるチャレンジを。常識にとらわれないタイプとのつながりも活発になり、おおいに触発されそう。そして、10月28日から12月20日にかけては、木星が再び「キャリアやライフワーク」のエリアに戻るので、流れに乗っていけば問題なさそうです。

2023年のあなた

古い価値観を手放し、デジタル化の波に乗って

2023年の３月は、大きな星のイベントが続きます。まず３月７日に現実化の星・土星が「キャリアやライフワーク」のエリアに。３月24日に変容の星・冥王星が「潜在意識」のエリアを抜け、「ステップアップ」のエリアに入ります。キャリアにおいては、従来のやり方が通じなくなりそう。

時流が大きく変わるので、あなたも働き方を変える必要が出てくるかもしれません。「いつかやろう」と思っていただろうデジタル化の波も押し寄せてきます。お店をやっていたら、オンラインショップを、語学を教えていたら、オンラインレッスンに対応するなど、新しいシステムを取り入れていきましょう。わからないことは専門家に聞くことも大切です。

春までは拡大と保護の星・木星が「仲間や未来」のエリアにありますが、５月17日からは、ひとつ前のエリアに入ります。これまでは都会派で、田舎に目が向いていなかった人も、自然の中で時間を過ごしたくなるかも。大切なのは、「こうでなくてはならない」と固定観念に縛られないこと。時代に合わせていきましょう。

６月11日には冥王星が「潜在意識」のエリアに戻ります。この頃までに古いやり方を手放せていないと、慌てることになる可能性もあるので、早めの対策を心がけたいですね。

2024年のあなた

5月下旬、木星がふたご座に。ふわりと気持ちが軽くなる

2024年の初めは、拡大と保護の星・木星と自立や変革の星・天王星がひとつ前のエリアに滞在しています。「変わらなくてはいけない」と何年も前から感じていたとおりに、変化が現実のものになりつつありそう。現実化の星・土星と境界を溶かす海王星は、「キャリアやライフワーク」のエリアにあるので、社会との関わり方は変えていく必要が。トレンドに左右されず、本当に興味のあるものに目を向けると、未来につながる種となりそうです。

１月21日には変容の星・冥王星が「ステップアップ」のエリアに戻ってきます。この頃は、オンラインを通じ、海外とのつながりも活発になるかもしれません。

2024年は、よいことも。５月26日に拡大と保護の星・木星がふたご座へとやってきます。これまで続けてきたキャリアの軌道修正、新しいことへのチャレンジが功を奏し、やりたいことがハッキリと見えてきそうです。

９月２日から11月20日にかけて、冥王星が「潜在意識」のエリアに戻ると、再び孤独感が強まりそう。競争を手放し、自分のハートに正直になる。それが落ち込みにハマらない秘訣です。

2025年のあなた

手放すことで自由になる。本当の自立を目指して前進を

2023年と2024年は、「潜在意識」と「ステップアップ」のエリアを変容の星・冥王星が行き来していたため、今、手の中にあるものを手放そうか、それとも進もうか、おおいに悩んでいたかもしれません。でも、冥王星は、2024年の11月20日に「ステップアップ」のエリアに入りきります。そして迎える2025年は、とても強烈。あなたを否応なく、新しい時代へと押し出してくれるはずです。

3月30日に境界を溶かす星・海王星が「仲間や未来」のエリアへと入ります。未来へとつながる新しいビジョンを受け取れるとき。「こんなことをやってみたい」というイメージが心に宿るでしょう。5月25日には現実化の星・土星もこのエリアに。本当にビジョンを実現したいなら、少数の人とともに動いて。

6月10日には拡大と保護の星・木星が「経済や豊かさ」のエリアに入ります。キャッシュフローをよくするために、不要な出費はなくしていきましょう。7月7日には、自立や変革の星・天王星がふたご座にやってきます。天王星は、約84年というサイクルをもっていて、ひとつの星座には約7年、滞在します。この期間に「自由と自立」を目指していくことになります。

9月1日には土星が、10月22日には海王星が「キャリアやライフワーク」のエリアに戻ります。11月8日には天王星もひとつ前のエリアに戻ることもあり、後戻りする感覚も。でも、それも、2026年の春までの話。2026年の1月27日には海王星が、2月14日には土星が「仲間や未来」のエリアに。4月26日には天王星がふたご座に入りきることになるので、本格的に自立を目指して戦う時代へと突入します。

ふたご座は、コミュニケーションを司る星座ですが、そのコミュニケーションは、1対1ではなく、1対多数です。ニュースも噂話も、ローカルなコミュニティに必要な情報を流すのはいつもあなたで、その意味で、自然に集団の方向性を決める役割をしていたはずです。

流すニュースの内容も、これまでは、その時々で移り変わるトレンドを取り入れていけばよかったので、楽な面もあったと思います。でも、2021年から2025年にかけては、だんだんに、トレンドを追いかけるだけでは物足りなくなりそう。自分の専門が欲しくなるのです。でも、実際に何を専門にするかを決めるためにはまだ「断捨離」が必要なよう。あれもこれもと抱えていたものを手放した先に、大切なものが見えてきます。本当に好きなものを深め、自分の中に理解や知識を貯えていきましょう。そうやって、自分の本質とつながった先に、きっと新しい未来が待っています。

かに座の
2021年~2025年

Cancer 6.22-7.22

この10年のあなた

安全な世界がこじ開けられ、人間関係に翻弄される

2008年に変容の星・冥王星が入ったのは、かに座にとっては、「人間関係」を表すエリア。家族や親しい人中心の安全な世界がこじ開けられ、外の世界との関わりが急速に深まった日々でした。外の世界の人々は、あなたに、たくさんの役割を要求してきたことでしょう。

自立や変革の星・天王星が「キャリアやライフワーク」のエリアに入った2010年から2011年頃は、社会生活において変化のときでした。夢だった自分のお店を始めるなど、新しい挑戦を始めたかに座さんもいるはずです。

天王星と冥王星がハードな角度を作っていた2014年から2016年頃も、人間関係でも、社会生活でも居場所がないように感じられた時期でした。生まれも育ちも違う、自分の常識が通じない人と関わることで、大きなショックを受けたかもしれません。

でも、天王星が移動した2018年の５月を境に、一人で立つ心細さは減り、やりたいことができない苛立ちやもどかしさも、鳴りをひそめたはず。2019年３月頃からは、心の自由度が増してきたはずです。

「人間関係」のエリアには、2017年末、現実化の星・土星が入りました。これまでハラスメントをされるなど、悩まされた相手との間にも「境界」が確立されるようになり、ある程度、距離ができてきたはず。以前よりは、安心して外の世界に向かい合えるように。

2020年の今の立ち位置

対等なパートナーとは？　時代に合った価値観をもって

2019年の12月に、拡大と保護の星・木星が入ったのは、変容の星・冥王星や現実化の星・土星が滞在する「人間関係」のエリアでした。木星には「明らかにする」働きがあるので、2020年の１月から３月にかけては、この10年、あなたを悩ませてきた人の本質が見えてくるときでもありました。

2020年３月22日から７月２日にかけては、土星は、かに座にとっての「潜在意識」のエリアに入り、「対等なパートナーシップ」がテーマになりました。これまでなら、相手におとなしく従っていたかに座の人も、そうしていると仕事や生活がまわらないなど、年功序列や男女の役割分担といった古い価値観を手放す必要をひし

ひしと感じたのでは。公私ともに、あなたが「完璧なお母さん」的存在になることは、逆にみんなのためにならないのかも。７月２日からは、土星が「人間関係」のエリアに戻ってきます。相手とのよい関係づくりがもう一度、テーマに。

2021年のあなた

対等なパートナーシップのメリット、デメリットを理解する

2020年の12月17日に現実化の星・土星が、19日に拡大と保護の星・木星が「潜在意識」のエリアに入ります。2020年の春に問われた「対等なパートナーシップ」の価値観を本当に身につけたのか、公私ともに試されるのが2021年です。「対等なパートナーシップ」にも、メリットとデメリットがあります。たとえば、今までは、あなたが家庭にいて、夫が外で働いていたとします。在宅ワークなどで、二人でいる時間が長くなったら、相手にも家事をやってもらわないとまわらなくなる。夫婦の中の「対等」など、これまではあまり考えず、「やりたいから、やっている」という意識だった人も、変わらざるを得ないときです。

５月14日から７月28日にかけては、木星がかに座にとっての「ステップアップ」のエリアをサポートしてくれます。心配してばかりいる態度を手放し、おおらかになれそうです。７月28日以降は、「対等なパートナーシップ」の模索が再び始まります。仕事相手など外の人にも「対等さ」を心がけて。

2022年のあなた

進むのか、現状維持か。夏の間は、「自分」を生きる

2021年の12月29日に拡大と保護の星・木星が「ステップアップ」のエリアに再び入り、2022年が始まります。現実化の星・土星は、「潜在意識」のエリアにあるので、先に進もうと思いながらも、引きこもってもいるときです。たとえば、理想のパートナーシップが叶わないために離婚したいとか、転職したいとかの気持ちが芽生えるとします。でも、その一方、もう少しがんばってみようとか、今の生活を捨てられないとか相反する気持ちが存在して、天秤が揺れているようなのです。

でも、５月11日に木星が、25日に行動や戦いの星・火星が「キャリアやライフワーク」のエリアに入ると、仕事でも、人生でも、自分の好きなことを存分にやりたいという気持ちが強くなりそう。この頃はきっと、「役割にとらわれ、誰かに気を遣いながら生きるのはもうたくさん」という気分でしょう。ただ、秋になると、10月28日から12月20日にかけて、木星が再び「ステップアップ」のエリアに戻るので、ぼんやりと、夢見がちに過ごす時間が増えそうです。

2023年のあなた

漠然とした不安が現実に。人間関係もシフトのとき

2022年の12月20日に、拡大と保護の星・木星が「キャリアやライフワーク」のエリアに再び入ったうえで、2023年がスタートします。昨夏に始めたことは、年明けも、きっと楽しく感じられます。

3月には大きな星の動きがあります。3月7日にまず、現実化の星・土星が「ステップアップ」のエリアに入ります。漠然とした不安が現実のものとして迫ってくるかも。これまで調子がよかったことでも、風向きがガラリと変わるかもしれません。ハードに感じられる事態が増えてきそうです。

さらに、3月24日に変容の星・冥王星が「潜在意識」のエリアに入ります。2008年以来、かに座にとっての「人間関係」のエリアにあった冥王星がその座を去ることで、あなたに対し、さまざまなプレッシャーをかけ、ハラスメントをしてきた人とは不思議なほど縁が切れそう。ただ6月11日には冥王星が「人間関係」のエリアに戻るとともに、一時的に戻ってくることはあるでしょう。

一方、木星は、5月17日に、「仲間や未来」のエリアに入ります。そのため、2023年の後半は、あなたを応援してくれる仲間に恵まれそう。このエリアには自立や変革の星・天王星も滞在しているので、その仲間は、常に一緒にいるわけではないようです。たとえば、あなたがお店をやっていたら、常連だけでなく、遠方から通販で応援してくれるファンが増えるかもしれません。

2024年のあなた

古い価値観を乗り越え、現実に向き合っていく

2024年の初めは、拡大と保護の星・木星と自立や変革の星・天王星が「仲間や未来」のエリアに滞在しています。離れた場所から、支えてくれる仲間がいる状況は、2023年後半と変わりません。現実化の星・土星と境界を溶かす海王星は、「ステップアップ」のエリアに。胸に湧いてくるモヤモヤを無視することなく、きちんと向き合い、整理する必要が出てくるでしょう。

そんな中で、1月21日に変容の星・冥王星は、「潜在意識」のエリアに再び入ります。ハラスメントなどは落ち着きますが、問題は完全に消えたわけではなく、深いところには残っていて、モヤモヤしそうです。「対等なパートナーシップ」というテーマにも引き続き、取り組んでいきましょう。

5月26日に、木星がひとつ前のエリアに入ると、膨大な好奇心が出てくるので、オンラインで発信するのもおすすめ。9月2日から11月20日にかけては、冥王星が「人間関係」のエリアに戻ります。古い価値観にとらわれていると、カルチャーやジェネレーションギャップに悩まされそうです。

2025年のあなた

木星がかに座に。ありのままの自分で勝負

2023年と2024年は、変容の星・冥王星が「人間関係」と「潜在意識」のエリアを行き来したため、人間関係に振りまわされる傾向が残っていました。でも、冥王星は、2024年の11月20日に「潜在意識」のエリアに入りきるため、2025年のあなたは、古いしがらみやハラスメント的な人間関係からは、今度こそ、解放されそうです。この人間関係のリセットは、そのときはつらいとしても、将来的にはきっとプラスのものです。

そのうえで、3月30日に境界を溶かす海王星が「キャリアやライフワーク」のエリアへ。5月25日には現実化の星・土星もこのエリアへ入ると、これまで夢見ていたことに一人で挑戦したくなりそう。それは、3年前に試したアイデアから始まっているかもしれません。

後押しとなるのは、6月10日にかに座に到来する、拡大と保護の星・木星の存在です。ありのままのあなたの魅力が認められるので、かに座がもつ「母性」や「居場所」づくりの才能が社会の中で発揮できそう。自分のお店やサロンを作ると、あなたを慕うお客さんたちが疑似家族となって、贔屓にしてくれそうです。あなたが母代わりになって、「子ども食堂」や「保育所」を作るのもよさそう。ただ、7月7日にはひとつ前のエリアに自立や変革を表す天王星が入るので、その挑戦は、心理的にはハードさがついてまわるかも。内弁慶なところがあるかに座にとって、新しいことをするときは、楽しさ半分、つらさ半分なのかも。

9月1日には土星が、10月22日には海王星が「ステップアップ」のエリアに一時的に戻りますが、2026年の1月27日には海王星が、2月14日には土星が再び「キャリアやライフワーク」のエリアに。4月26日には天王星がひとつ前のエリアに入りきるので、春から夏にかけてひらめいたアイデアがあなたの中で大きく育っていきます。人生にもっと夢をもってもいいのかも。

かに座のあなたは、もともとは、人前に出るのはあまり好きではないはず。でも、この10年、カルチャーギャップの中で揉まれてきたことで、世の中への理解はだいぶ深まったはずです。そして、成長した今は、もっと広い世界で、以前より高いステージにも挑戦できることに気づきませんか。昔の自分なら尻込みしていたことも、むしろ楽々こなせるかもしれないのです。伝統的な価値観にそのまま従うことなく、公私ともに、新しい価値観や対等なパートナーシップを作っていくことが2021年から2025年のかに座のテーマなのです。適切な距離を保ちながら、あなたの愛を人に渡せるようになると、エネルギーが循環するように。お互いにハッピーな関係を作り上げて。

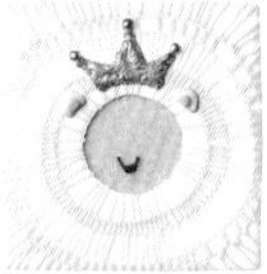

しし座の 2021年~2025年

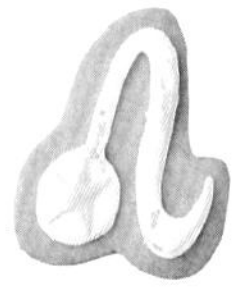

Leo 7.23-8.22

この10年のあなた

仕事では縁の下の力もち。新しいプロジェクトでも動力に

しし座にとってのこの10年を語るには、2008年に「ルーティンワークや日常生活」のエリアに入った変容の星・冥王星の影響がまず挙げられます。あなたの暮らしは、この十数年で、大きく変わったのではないでしょうか。縁の下の力もちとして、細かいことまで周囲の面倒を見る役まわりを引き受けていませんか。

一方、自立や変革をもたらす天王星は、2010年から2011年にかけて、「ステップアップ」のエリアに入り、以来、このエリアにありました。直観で、どんどん新しいことに挑戦するので、他の人がなかなかついてこられなかったのでは。でも、2018年から2019年にかけて、天王星は、「キャリアやライフワーク」のエリアに。今のあなたは、以前よりはやりたいことができる環境を手に入れたはずですが、今度はマネタイズを求められているかもしれません。好きなことができていれば、それで満たされてしまい、〝お金を稼ぐこと〟に気持ちが向かないところがしし座にはありますが、そうも行かなくなっているはず。仕事でも、予算や売り上げを確保し、その中でまわしていくポジションについていそうです。

ただ、「ルーティンの仕事」「キャリアのためになる仕事」「ライフワークになる仕事」。この10年のあなたを振り返ると、仕事の話ばかりだったことにお気づきでしょうか。仕事をしていない人も、家庭内でも、「やるべきこと」に追われ、押しつぶされそうになっていたかも。でも、これは、実は、本来のしし座とはかけ離れています。しし座が生まれてきた意味は、自分のやりたいことを命の限り、やり尽くすこと。生命の喜びや遊びを楽しむことにあります。2019年は、久しぶりに、それを思い出した年でもあったはず。旅をして、クリエイティヴに過ごし、魂の輝きを思い出していたかもしれません。

2020年の今の立ち位置

パートナーシップが課題の春。後半は、役に立つものを形に

2019年の12月に拡大と保護の星・木星が「ルーティンワークや日常生活」のエリアにやってきました。このエリアには2008年から変容の星・冥王星が、2017年末からは現実化の星・土星が滞在しています。ガムシャラにがんばってきたことにチャンスの風が吹いたはずです。

ただ、3月22日から7月2日にかけて、土星が「人間関係」のエリアに入りまし

た。ここでは、「パートナーシップの新しいあり方」がテーマになったことと思います。しし座にとって、仕事のハードさは、あまり問題になりません。それよりも、対象に対して燃えられるか、活動におもしろさを感じられるかが大切なのです。大勢でワイワイと仕事をしたいので、新型コロナウイルスでのリモートワークやステイホームはストレスのもとになっていたのでは。

そんな中、7月2日に土星が「ルーティンワークや日常生活」のエリアに戻ったので、木星・土星・冥王星のパワーを受け、一気にやるべきことを形にすることに。「世の中の役に立つものを形にする」ために働くことになりそうです。

2021年のあなた

オンラインのつながりが活発に。SNSの利用が仕事にもプラスに

2020年の12月17日に現実化の星・土星が、19日に拡大と保護の星・木星が、「人間関係」のエリアに。2021年は、公私ともに、新しいパートナーシップの構築が必須に。離れている人とSNSやオンラインでつながる機会も多そうです。2020年の春にデジタル化を進めた人には、さらによい風が吹きそうです。仕事のうえでも、ウェブやオンラインのプロジェクトに関わると収穫がありそう。

5月14日から7月28日にかけては、木星が「潜在意識」のエリアに入ります。この時期は、人生に「やさしさや潤い」が欲しくなるとともに、本来のあなたがもつ情け深いところが強く現れそう。福祉や介護の世界に関心をもち、困っている人を懸命に助けるなんてことも。とてもやりがいを感じられるはず。

2022年のあなた

「やさしさや潤い」が引き続き、欲しくなる。仕事では評価アップ

2021年の12月29日に拡大と保護の星・木星が「潜在意識」のエリアに入ったうえで、2022年がスタートします。現実化やルールの星・土星は、まだ「人間関係」のエリアにあります。パーソナルスペースを保ちながら、オンラインで人と関わる流れは、2022年も変わりません。でも、あなたの太陽のようなパワーであまりにもたくさんの人を照らさないといけないことに疲れが。合理性をつき詰めることにも疲れ、「やさしさや潤い」が恋しくなりそう。

でも、5月11日に木星が、25日に行動や戦いの星・火星が「ステップアップ」のエリアに入ると、新しいミッションがやってきます。夏の間だけ、一人でできるプロジェクトに関わることも。直観や企画を立ち上げる力が評価されます。

10月28日から12月20日にかけて、木星が再び「潜在意識」のエリアに戻ります。あなたの人柄が評価され、部下や後輩の指導役に抜擢されることも。周囲にたくさんの人が集まってきます。

2023年のあなた

年度末に大きな変化の波。後半には仕事でも変化が

2022年の12月20日に、拡大と保護の星・木星が「ステップアップ」のエリアに再び入ったうえで、2023年がスタートします。2022年の夏の流れがもう一度、やってきます。

3月には星のビッグイベントが待っています。3月7日に現実化の星・土星が「潜在意識」のエリアに。自分の中の弱い部分や母親との関係に目を向けて。普段は強がってしまいがちな人も、弱い自分を認めることで、心が満たされそう。

そして、3月24日には変容の星・冥王星が「人間関係」のエリアに入ります。公私ともに、人間関係が大きく変わってきそうです。デジタル化の波も、おおいに影響します。ただ、6月11日には冥王星が「ルーティンワークや日常生活」のエリアに戻るので、2023年後半は、古い義務のほうが忙しくなりそう。

一方、木星は、5月17日に、「キャリアやライフワーク」のエリアに入ります。このエリアには自立や変革をもたらす天王星も滞在しているので、2023年後半の仕事は、これまでとは違うフェイズに入るかもしれません。別チームや別ポジションへの異動はもちろん、予算を管理し、さまざまな決定を下す立場になることもありそう。昇進や昇格もあり得るでしょう。

2024年のあなた

人間関係の変容が始まる。巻き込み、巻き込まれていく

2024年の初めは、拡大と保護の星・木星と自立や変革の星・天王星が「キャリアやライフワーク」のエリアに滞在しています。横のつながりを作る、他には代えられない存在として、職場でも、業界でも力を発揮しそう。現実化の星・土星と境界を溶かす海王星は、「潜在意識」のエリアにあります。心配していたこと、夢見ていたことが現実のものとなる可能性が。

そんな中、1月21日には変容の星・冥王星が「人間関係」のエリアに再び入ります。これまでは、あなたのやりたいようにさせてくれた人からの干渉が増してくるかも。両親や夫など家族との関係にしろ、クライアントや仕事相手にしろ、大切な人たちとの間で頭を悩ませることが増えるかもしれません。あなたに決定的な影響を与える人との出会いも待っています。

2024年のシフトは、前半が終わる頃、もう一度ありそうです。5月26日に、木星が「仲間や未来」のエリアに入るのです。大勢の仲間があなたのやりたいことを応援してくれそうです。

秋になり、9月2日から11月20日にかけて、冥王星が「ルーティンワークや日常生活」のエリアに戻ると、ガムシャラに働く流れが再びやってきそうです。

2025年のあなた

ひとつの場所にとらわれず、さまざまな人と付き合っていく

2023年と2024年は、「ルーティンワークや日常生活」のエリアと「人間関係」のエリアを変容の星・冥王星が行き来。仕事でも、パートナーシップでも、新旧の価値観の間で、心を揺さぶられることが多かったはず。たとえば、以前は、企業に雇われたり、公務員だったり、安定した働き方しか考えたことがなかった人も、独立も視野に入り、ひそかに悩んでいたかもしれません。

でも、冥王星は、2024年の11月20日に「人間関係」のエリアに入りきります。2025年からのあなたは、どこかひとつの場所に属するより、多くの人と広く、浅く関わりたくなるかも。週に3日は在宅するとか、プロジェクト単位の業務とかの自由な働き方を選択することも。

そのうえで、3月30日に境界を溶かす海王星が「ステップアップ」のエリアへ入ります。5月25日には現実化の星・土星もこのエリアに入るので、インスピレーションを得たことをすぐさま形にしていくことが求められます。

6月10日にはひとつ前のエリアに拡大と保護の星・木星が入ります。強がることなく、素直な気持ちを発信することが大切に。さらに、7月7日には自立や変革をもたらす天王星が「仲間や未来」のエリアに入ります。予定調和的な未来が変わるとともに、人間関係もだいぶ変わってきそうです。

9月1日には土星が、10月22日には海王星が「潜在意識」のエリアに戻りますが、2026年の1月27日には海王星が「ステップアップ」のエリアに、4月26日には天王星が「仲間や未来」のエリアに入ります。新天地を求めて、動きたくなりそうです。

ここまで、しし座の物語の外観をお話ししてきました。2021年から2025年の間に、あなたの仕事や人間関係は様変わりし、新しいステージに入っていくように見えます。これまで、生活のためにやっていたことは手を放し、まったく新しい世界へと踏み出していくかもしれません。しし座は、両親からすごく愛されてきた人が多いのですが、その愛を今度は、両親はもちろん、社会へと還元していくときなのかも。本当にやりたいことは何なのか、改めて自分の胸に聞いてみましょう。

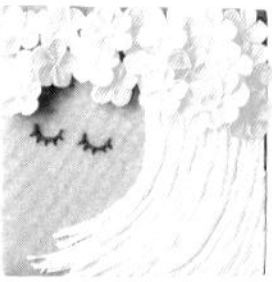

おとめ座の 2021年~2025年

Virgo 8.23-9.22

この10年のあなた

ドラマティックな人生の変容。自立のために戦った日々

おとめ座は、「仕事や労働」を司る星座だと言われ、身体のパーツでは大腸や小腸が当てられます。見えないところで毎日、黙々と免疫力を高め、消化を行う。重要だけれど、地味な臓器そのままに、おとめ座も、どんな職場でも欠かせない人材になります。華やかで目立つリーダー的なポジションは嫌うので、ブレインとして知恵を出したり、サポート役として実務を遂行したりするキーパーソンです。

ただ、2008年に「恋愛や創造、子ども」のエリアに変容の星・冥王星が入ったことで、そんなちょっと優等生的なあなたの人生は、ドラマティックに変化したのでは。クリエイティヴに、人生に挑戦し始めたことと思います。

一方、自立や変革をもたらす天王星は、2010年から2011年にかけて、「潜在意識」のエリアに入り、以来、2018年まで、このエリアに滞在。自分では気づいていなかった、新しい可能性を開拓しようとしました。「同じことを繰り返す」ことで精度を上げていくタイプだったのに、新しい世界にポンと投げ込まれ、自立のために盛んに動き、もがいていたはずです。

そして、2018年から2019年にかけて、天王星は、今度は、「ステップアップ」のエリアに入り、以来、このエリアにあります。それ以前は、新しい世界を開拓するのと並行して、過去を清算するために動いていたとすると、今後は、未来を作るために動くことに。

2017年末には現実化の星・土星も「恋愛や創造、子ども」のエリアに入りました。この数年は、人生が落ち着きを取り戻しつつあり、やりたいことも形になってきたはずです。

2020年の今の立ち位置

2008年以来の変容を形にするチャンスが到来

2019年の12月に拡大と保護の星・木星が「恋愛や創造、子ども」のエリアにやってきました。このエリアには2008年から変容の星・冥王星が、2017年末からは現実化の星・土星が滞在しています。年明けは、この10年の挑戦を形にするためのチャンスがやってきたはず。

3月22日から7月2日にかけて、土星が「ルーティンワークや日常生活」のエリアに入りました。新型コロナウイルスの影響もあり、人と距離をとらざるを得なくなって、一時的にチャンスは遠ざかったかもしれません。静かに生活するのを好むおとめ座にとって、「ステイホーム」自体はストレスではないはずですが、チャンスの停滞にはイライラしたかもしれませんね。
でも、それも7月2日までのことでした。土星が「恋愛や創造、子ども」のエリアに戻ったことから、この秋は、木星・土星・冥王星のパワーを受け、2008年以来の豊かな経験を形にするために、エネルギーのすべてを注いでいるはずです。

2021年のあなた

心地いい距離感を探りつつ、夏の間は人気者に

2020年の12月17日に現実化の星・土星が、19日に拡大と保護の星・木星が、「ルーティンワークや日常生活」のエリアに入ります。2021年は、2020年の春の雰囲気が再び戻ってきそう。合理的で、むやみに人と群れるのはあまり好きではないおとめ座にとっては、オンラインでさまざまなサービスが格安で提供されるようになって、逆に生活のしやすさを感じるかもしれません。
5月14日から7月28日にかけて、木星が「人間関係」のエリアに入ります。この時期は、あなたを慕う人が多くなりそう。熱烈なファンと言ってもいいくらいの人がたくさん、やってきそうです。おとめ座の淡々と日々を送る、落ち着いた生活態度が不安の時代に人から好ましく思われるのでしょう。

2022年のあなた

依存されることが多くなる。適度な距離を保つこと

2021年の12月29日に拡大と保護の星・木星が「人間関係」のエリアに再び入ったところで、2022年がスタートします。現実化やルールの星・土星は、まだ「ルーティンワークや日常生活」のエリアにあります。2022年も人と距離をとる流れはあまり変わらないのですが、あなたを慕う人は増えるので、オンラインでミーティングをするなど、つながり方を工夫していきましょう。
5月11日に木星が、25日に行動や戦いの星・火星が「潜在意識」のエリアに入ると、じっとしているのにも飽きて、新しい挑戦をしたくなりそうです。
10月28日から12月20日にかけて、木星が再び「人間関係」のエリアに滞在します。2021年から2022年にかけて、木星は、3回、おとめ座の「人間関係」のエリアに滞在します。1回目は、2021年の5月14日から7月28日にかけて。2回目は、2021年の12月29日から2022年の5月11日にかけて。3回目が2022年の10月28日から12月20日にかけてです。このエリアには境界を溶かす海王星もあります。その度に、あなたを慕うあまり、依存するような人も出てくるかも。どんな人でもさらりと流せる大人の態度を身につけて。

2023年のあなた

デジタル化の波が日々を変える。好きなことを伸ばして

2022年の12月20日に、拡大と保護の星・木星が「潜在意識」のエリアに再び入ったうえで、2023年がスタートします。自分に正直になれますが、正義感が強くなり、失礼な人とは戦ってしまう、おとめ座の隠れた面が現れてきそう。

3月には星のビッグイベントが待っています。3月7日に現実化の星・土星が「人間関係」のエリアに入ります。このエリアには境界を溶かす海王星もあるので、これまで広がっていた人間関係は、縮小してきます。あなたに依存するような人もいなくなり、決まった人との関係が続くように。

3月24日には変容の星・冥王星が「ルーティンワークや日常生活」のエリアに入ります。デジタル化の波により、仕事の内容も変わるとき。その場にいなくてもできることや在宅ワークが増えてくるかも。6月11日には冥王星が「恋愛や創造、子ども」のエリアに戻ると、その流れはいったん落ち着きそうです。

一方、木星は、5月17日に、「ステップアップ」のエリアに入ります。このエリアには自立や変革をもたらす天王星も滞在しているので、2023年後半は、2018年から2019年にかけて出会い、学びを深めたことを発展させていくとよさそう。

たとえば、おとめ座は、文字や図形でのコミュニケーションが得意。鋭い視点と洞察力をもっているので、ライティングやマーケティング、デザイン、編集、研究などに適性があります。農耕の女神、デメテルとも関連すると言われ、植物に関わると喜びを感じるでしょう。農業、林業のほか、オーガニック野菜の八百屋さんや自然食品のお店なども性に合うはず。2023年後半から2024年前半にかけて、こうした生まれつきの才能を生かすことで、よい流れを呼び込めるはず。

2024年のあなた

デジタル化の波がさらに加速。日々の雑務に追われつつ人助けも

2024年の初めは、拡大と保護の星・木星と自立や変革の星・天王星が「ステップアップ」のエリアに滞在しています。郊外や田舎への憧れが高まり、移住を考えることも。現実化の星・土星と境界を溶かす海王星は、「人間関係」のエリアにあります。人のためになりたいという気持ちが強くなり、依存的な人との関係に気をつけつつも、本当に助けが必要な人には献身的に尽くすことになるでしょう。

そんな中、1月21日には変容の星・冥王星が「ルーティンワークや日常生活」のエリアに再び入ります。デジタル化の波がさらに加速し、ライフスタイル自体が変わっていきそう。たとえば、事務職をしている人は、AIの台頭で仕事内容がかなり変わるなどといったことです。

5月26日に、木星が「キャリアやライフワーク」のエリアに入ると、大舞台で「伝える」機会がやってきます。人前で話すなど、これまで苦手と感じていた場面も増えてくるかも。9月2日から11月20日にかけては、冥王星が「恋愛や創造、子ども」のエリアに戻ります。再びガムシャラに働く流れが待っています。

2025年のあなた

日常が様変わりする中、親しい人たちとの時間が息抜きに

2023年と2024年は、「恋愛や創造、子ども」のエリアと「ルーティンワークや日常生活」のエリアを変容の星・冥王星が行き来したため、創造的でありたいと願いながらも、日々の膨大な仕事量をこなしていました。
冥王星は、2024年の11月20日に「ルーティンワークや日常生活」のエリアに入りきります。これ以降、あなたのワーキングスタイルや日常生活は、時代の影響を強く受けて、さらに変わりそうです。
3月30日に境界を溶かす海王星が、5月25日には現実化の星・土星が「潜在意識」のエリアに入り、人間関係では悩みが生まれ、一人になりたくなることも。
6月10日には拡大と保護の星・木星が「仲間や未来」のエリアに、さらに、7月7日には自立や変革をもたらす天王星が「キャリアやライフワーク」のエリアに入ります。家族や親しい友人たちとは一体感が生まれ、助け合うことになりますが、キャリアや社会生活の面では自立が迫られます。職場や地域でも目立つ存在になり、海外や他地域との関わりが増えるかもしれません。
9月1日には土星が、10月22日には海王星が「人間関係」のエリアに戻りますが、2026年の1月27日には海王星が、2月14日には土星が「潜在意識」のエリアに、4月26日には天王星が「キャリアやライフワーク」のエリアに入りきります。信頼できる少数の人との関わりの中で、社会生活をがんばることになります。
2021年から2025年にかけて、仕事では「デジタル・トランスフォーメション」の影響を強く受け、これまでとは仕事のやり方が大きく変わりそう。それによって、自然の中に住みたいという長年の憧れを現実のものにできるかもしれません。「日々の繰り返しが安心、夢はいつか実現しよう」という態度を今度こそ、手放すことで、人生のドラマは、さらに大きく展開していくことになりそう。遠慮することなく、自分の中にあるよきものを世の中に伝えていきましょう。

てんびん座の
2021年~2025年

Libra 9.23 - 10.23

この10年のあなた

居場所の変容に振りまわされ、調整役として奔走

2008年に「居場所」のエリアに変容の星・冥王星が入ったことで、てんびん座の職場や家庭、住んでいる街などの〝ホーム〟は、大きく変容したはずです。

てんびん座さんは、「居場所」に関しては、変わらない〝永遠〟を愛しています。そのため、両親の近くだとか、先祖代々住んでいる土地、入社した会社などにずっといる人も多いのです。でも、同じ場所で、穏やかに続くように願っていた日々は、2008年以来、違うものになりつつあるようです。たとえば、親もいつかは年をとることを実感しているかもしれません。潜在していた家族や職場の問題が浮かび上がり、その調整役になることも多かったはず。

一方、自立や変革の星・天王星は、2010年から2011年にかけて、「人間関係」のエリアに入り、2018年の一時期を除き、2019年３月まで、このエリアに滞在していました。「居場所」だけでなく、外との人間関係でも、甘えられる人がいない状態が続き、調整能力はますます磨かれたのでは。さまざまな要望をしてくる相手に対し、どんな球でも打ち返せるように。

2018年から2019年にかけて、天王星は、今度は、「潜在意識」のエリアに入り、以来、このエリアにあります。真っ向から対立する人はいなくなっても、なかなか前に進めないもどかしさや焦りはありそう。

2017年末には現実化の星・土星も「居場所」のエリアに入ったので、以来、「居場所」の問題は落ち着いた面も。土星は、制限をかけ、形づくるところがあるからです。しっかり向き合い、逃げずに対処していきましょう。

2020年の今の立ち位置

「居場所」の変容を実感。社交はオンラインで広がる

2019年の12月に拡大と保護の星・木星が「居場所」のエリアにやってきて、迎えたのが2020年です。このエリアには2008年から変容の星・冥王星が、2017年末からは現実化の星・土星が滞在しています。家族や職場など「居場所」の変容が現実のものになって、浮かび上がったかもしれません。

一方、３月22日から７月２日にかけて、土星が「恋愛や創造、子ども」のエリア

に入りました。人好きなてんびん座のこと。新型コロナウイルスの影響もあり、社交面での制限がストレスになったかも。オンライン飲み会をしたり、さまざまなデジタルツールでミーティングをこなしたり、なんとかやりすごしていたのでは。

でも、それも、7月2日まで。土星が「居場所」のエリアに戻ったことから、木星・土星・冥王星のパワーを受け、2008年以来の居場所の問題と向き合うことになったかも。「変わらないこと」を愛するてんびん座にとっては勇気がいるかもしれませんが、ここで問題をクリアにしておけば、今後が楽になるはず。

2021年のあなた

行動を制限される一方、享受できるサービスも増える

2020年の12月17日に現実化の星・土星が、19日に拡大と保護の星・木星が、「恋愛や創造、子ども」のエリアに入ります。2021年は、リアルな社交より、オンラインを通じたコミュニケーションの機会が広がりそうです。オンラインが一般化することで、享受できるソーシャルサービスも増えるため、その意味では楽しさもあるでしょう。結果的に付き合う人の数は増えていきそうです。

5月14日から7月28日にかけては、木星が「ルーティンワークや日常生活、健康」のエリアに入ります。生活パターンがルーズになったり、仕事量が膨大すぎて時間の読みが甘くなったり。規則正しい生活リズムやヘルシーなライフスタイルを心がけましょう。ボランティア活動も、あなたの心を満たしてくれそう。

2022年のあなた

健康や生活リズムに注意。魅力的な人との出会いが多いとき

2021年の12月29日に拡大と保護の星・木星が「ルーティンワークや日常生活」のエリアに再び入ったうえで、2022年がスタートします。現実化やルールの星・土星は、まだ「恋愛や創造、子ども」のエリアにあります。2022年も社交を抑える感じは変わりません。引き続き、健康や生活リズムに気をつけて。さまざまな仕事や用事が押し寄せてきて忙しくなりそうです。

でも、5月11日に木星が、25日に行動や戦いの星・火星が「人間関係」のエリアに入ると、人間関係が活発に。春までの、ダラダラ過ごしているようで、なんとなく気ぜわしいのとは違い、さまざまな注文が入り、物理的に忙しくなります。本格的にバタバタしてきそうです。秋になると、10月28日から12月20日にかけて、木星が再び「ルーティンワークや日常生活」のエリアに滞在します。生活はルーズになりがちなので、健康面にも留意して。

2023年のあなた

センスを生かして働くなら、美を媒介に人を集めて

2022年の12月20日に、拡大と保護の星・木星が「人間関係」のエリアに再び入ったうえで、2023年がスタートします。あなたへの注文も増えますが、楽しさも。たとえば、それが仕事相手からの注文なら、がんばっていると、予想外のリターンも得られるでしょう。

3月には星のビッグイベントが待っています。まず3月7日に現実化の星・土星が「ルーティンワークや日常生活」のエリアに入ります。このエリアには境界を溶かす海王星もありますが、生活や健康面では問題が出てくるかも。そして、3月24日には変容の星・冥王星が「恋愛や創造、子ども」のエリアに入ります。

愛と美の星・金星が守護するてんびん座は、他者との調和を図り、美を体現する星座です。誉められたり、評価されたりすることでがんばれますし、人とのお付き合いに喜びを感じるので、販売や営業に向いています。ゼロからの物づくりは、ひとつ前のおとめ座の世界。てんびん座はできたものを提げて、外の世界へと出かけていき、商いをする星座なのです。

美を司る星座ですから、アパレルやインテリアショップのスタッフ、バイヤーやマーチャンダイザーなど「美しいものを売る」仕事に就くと喜びを感じられます。自分の好きなものだけを揃えたセレクトショップを開いたり、人の集まる、スタイリッシュなコワーキングスペースを作ったり。「美を媒介に人を集める」ことで、力を発揮できます。3月の冥王星の移動は、こうしたあなたの特性をオンライン上で生かすように働きかけそうです。

6月11日には冥王星は、「居場所」のエリアに戻るので、古いやり方も、戻ってはきそう。一方、木星は、5月17日に、「潜在意識」のエリアに入ります。このエリアには自立や変革の星・天王星も滞在しているので、2023年後半は、執着を手放してみて。優先順位をつけて過去を整理すると、よいものがやってきます。

2024年のあなた

新しい世界に目を向ける。遊びも、学びも忙しい一年

2024年の初めは、拡大と保護の星・木星と自立や変革の星・天王星が「潜在意識」のエリアに滞在。昨年同様、古いものを手放しながら、目を向けていなかったことを意識すると、今年の流れに乗っていけます。たとえば、都会派でスタイリッシュな暮らしを好んでいた人も、田舎でのスローライフを夏休みに経験してみては。現実化の星・土星と境界を溶かす海王星は、「ルーティンワークや日常生活」のエリアにあります。助けが必要な人が近くにいれば、献身的に尽くしていくことになるかもしれません。

1月21日には変容の星・冥王星が「恋愛や創造、子ども」のエリアに再び入りま

す。昨年同様、オンラインとの関わりが深くなるとき。たとえば、ネットショップを開いてみても。

5月26日に、木星が「ステップアップ」のエリアに入ると、興味のあることを学んだり、教えたりすると、よい展開が待っています。美的センスを生かし、ウェブデザインを学ぶなどもよさそうです。ただ、秋になると、9月2日から11月20日にかけて、冥王星が「居場所」のエリアに戻ります。居場所での問題が戻ってくるかもしれません。

2025年のあなた

多くの人と関わる中、影響力のある人物と知り合う

2023年と2024年は、「居場所」のエリアと「恋愛や創造、子ども」のエリアを変容の星・冥王星が行き来したため、古い問題と新しくやりたいことの間で混乱したかもしれません。相手の笑顔を大切にするあまり、どちらにもいい顔をしてしまい、疲れてしまうことも。でも、冥王星は、2024年の11月20日に「恋愛や創造、子ども」のエリアに入りきります。クリエイティヴな活動をオンラインでする流れは、2025年、いよいよ活発に。そのうえで、3月30日に境界を溶かす海王星が、5月25日には現実化の星・土星が「人間関係」のエリアへ入ります。さまざまなアイデアをくれる、クリエイティヴで前向きな人物が現れ、あなたに影響を与えそう。その人は、あなたの人生の「目覚まし時計」になるかも。

6月10日には拡大と保護の星・木星が「キャリアやライフワーク」のエリアに、7月7日には自立や変革をもたらす天王星が「ステップアップ」のエリアに入ります。キャリアや人間関係が大きく拓けてきます。

9月1日には土星が、10月22日には海王星が「ルーティンワークや日常生活」のエリアに戻りますが、2026年の1月27日には海王星が、2月14日には土星が「人間関係」のエリアに、4月26日には天王星が「ステップアップ」のエリアに入ります。新しい時代へと進むとともに、活躍の場が広がりそうです。

これまでのてんびん座は慎重派で、家族や会社の人間関係の調整弁のように働いていたはず。でも、2021年からは、だんだんと人生ドラマが生まれてきます。周囲を気遣うあまり、優柔不断なところがありますが、思い切った決断をすることで、人生が大きく動きそう。大事なことは、自分の人生の主役になり、主体的に選択すること。この5年間は、誰かに合わせたり、まかせたりしないで、変化を楽しむような、おおらかな姿勢も求められています。ハートに正直になることで、人生も、運も動いていくはず。きっと、思いがけない冒険や出会いが待っているでしょう。

さそり座の
2021年~2025年

Scorpio 10.24 - 11.21

この10年のあなた

カリスマになる反面、周囲から浮いた存在に

さそり座の守護星は、物ごとの性質を極限まで高めようとする冥王星です。生死に関わり、世の中の表も裏も、すべて見通すような仕事にやりがいを覚えます。さそり座が警察官や探偵、占い師に向いているとよく言われるのもそのためですが、葬儀屋、納棺師や清掃業などもいいかもしれません。医師や看護師、コンピュータープログラマーといった、対象や作業に長時間、集中する仕事に就いている人も実際、多いでしょう。これだという仕事を見つけると輝きを放てます。

そんなさそり座にとっての「環境や伝達」のエリアに2008年、守護星の冥王星が入ったことで、コミュニティとの関わり方は、大きく変わってきたはず。

さそり座は、守護星の冥王星そのままに、0か100かというくらい、人に徹底的に与えたり、また奪ったり、時には欲望のままに行動したりもします。他の人にはない、神通力のような洞察力があり、見えないものが見えるかのように、強運を発揮することも。2008年以来、コミュニティではあなたの存在感が増し、カリスマとして、もてはやされることもある反面、目立つことから、バッシングもあったかもしれません。

一方、自立や変革をもたらす天王星は、2010年から2011年にかけて、「ルーティンワークや日常生活」のエリアに入り、以来、2018年まで、このエリアに滞在していました。ここでも、あなたは、基本的には一人で責任を引き受けていました。大勢でいても、決めるのはあなたになりがちで、自然とキーパーソンに。周囲からちょっと浮いた存在だったかもしれません。説明せずに直観で動くために、理解されないこともあったはず。

2018年から2019年にかけて、天王星は、今度は、「人間関係」のエリアに入りました。以来、このエリアにありますが、特定の人へのこだわりや愛着を手放していく流れにあります。相手への期待や欲求を手放し、尊重することを覚えなくてはならない時期です。

2020年の今の立ち位置

「いい子」の殻を破り、本当の自分でいようともがく

2019年の12月に拡大と保護の星・木星が「環境や伝達」のエリアにやってきたうえで、2020年を迎えました。このエリアには2008年から変容の星・冥王星が、2017年末からは現実化の星・土星が滞在しています。コミュニティとの関わり方をもう

一度、考え直すとき。さそり座は、「特別でありたい」と望む一方、集団から浮き上がる自分を気にしてもいます。そのため、本当の気持ちを表現することが苦手になり、周囲の期待どおりの優等生の発言を重ねてしまいがち。でも、それが行動と一致しないと不信感を呼ぶわけで、合わない環境に限界を感じた人も多いはず。

その一方、3月22日から7月2日にかけて、土星が「居場所」のエリアに入りました。新型コロナウイルスの影響もあり、引きこもって過ごしていた人やこれまで複数あった自分の居場所を絞った人も多いかもしれません。

でも、それも7月2日まで。土星が「環境や伝達」のエリアに戻ったことから、この秋は、木星・土星・冥王星のパワーを受け、2008年以来のこうしたコミュニケーションの問題としっかり向き合うことになりそうです。誰からも愛される「いい子」になりすぎず、本音を話していきましょう。

2021年のあなた

関わり方を真剣に考える。すべてに手を伸ばさないこと

2020年の12月17日に現実化の星・土星が、19日に拡大と保護の星・木星が、「居場所」のエリアに入ったうえで、2021年を迎えます。2020年の春の引きこもる感じが戻ってきそうですが、関わる拠点や仕事がいくつもある中でも、関わり方を考えていくとき。いろいろなことに足を突っ込んでいると、一人一人の声を聞くことができなくなります。優先順位はつけていきましょう。

5月14日から7月28日にかけて、木星が「恋愛や創造、子ども」のエリアに入ります。このエリアには境界を溶かす海王星もありますが、これまでは、非日常を感じさせる恋愛に惹かれがちだった人も、お付き合いにも、やりたいことにも〝健全さ〟が戻ってきそうです。

2022年のあなた

恋や芸術的な活動が盛んに。春先は、有言実行がキー

2021年の12月29日に拡大と保護の星・木星が「恋愛や創造、子ども」のエリアに再び入ったうえで、2022年がスタートします。現実化やルールの星・土星は、まだ「居場所」のエリアにあります。2022年も引きこもりがちなところは変わりませんが、心の潤いを求めて、恋や芸術的な活動にいそしむことに。

でも、5月11日に木星が、25日に行動や戦いの星・火星が「ルーティンワークや日常生活」のエリアに入ると、仕事の流れが活発に。アイデアがひらめくと、すぐに動き出す。そんなパワフルで、エネルギッシュな有言実行の時期です。

秋になると、10月28日から12月20日にかけて、木星が再び「恋愛や創造、子ども」のエリアに滞在します。恋愛や芸術方面に再び力を入れたくなりそう。

2023年のあなた

ファンタジーに逃げ込まず、現実に向き合う

2022年の12月20日に、拡大と保護の星・木星が「ルーティンワークや日常生活」のエリアに再び入ったうえで、2023年がスタートします。一人でコツコツ努力してきたことに時代がついてくる感覚がありそう。特別さからバッシングされることもこの頃はなく、波に乗っていけばいいだけです。

3月には星のビッグイベントが待っています。まず3月7日に現実化の星・土星が「恋愛や創造、子ども」のエリアに入ります。このエリアには境界を溶かす海王星もありますが、夢のように感じていたことも、現実の重さをもって迫ってきます。たとえば、恋愛。いざ結婚へ向かって動き出してみると、育った環境のギャップに気づくとか、理想が高くなりすぎて踏み切れないとかもありそう。

そして、3月24日には変容の星・冥王星が「居場所」のエリアに入ります。冥王星は、さそり座の守護星でもあり、この移動による人生への影響は、とても大きいもの。あなたの居場所は、容赦なく作り変えられることに。ただ、6月11日には冥王星は、「環境や伝達」のエリアに戻るので、2023年は、古いやり方と新しいやり方がせめぎ合い、バランスを取るのが大変かもしれません。

一方、木星は、5月17日に、「人間関係」のエリアに入ります。このエリアには自立や変革をもたらす天王星も滞在中なので、2023年後半は、人間関係でのこだわりを手放すほど、よい出会いがあるでしょう。たとえば、仕事でも、この人としか付き合わない、この人以外は信頼できないといった頑固さを手放して。

2024年のあなた

めまぐるしい人間関係の変化。在宅ワークの可能性も大

2024年の初めは、拡大と保護の星・木星と自立や変革の星・天王星が「人間関係」のエリアに滞在しています。そのため、昨年に引き続き、新しい人間関係やパートナーシップが展開しそう。長く一人との関係が続くとは限らず、関係は、めまぐるしく変わっていきそうです。現実化の星・土星と境界を溶かす海王星は、「恋愛や創造、子ども」のエリアにあります。長くシングルだった人も、本気の恋愛をするかもしれませんが、理想が高くなりすぎる場合も。

そんな中、1月21日には変容の星・冥王星が「居場所」のエリアに再び入ります。家にいながら仕事をするようなスタイルに変わっていくかも。

5月26日に、木星が「潜在意識」のエリアに入ると、普段は見せない、あなたのサービス精神であるとか、おっちょこちょいなところとかが現れてきそう。カリスマ的なパワーのある、あなたの隠れた一面が周囲から見ると魅力になるのです。

秋になると、9月2日から11月20日にかけて、冥王星が「環境や伝達」のエリアに戻ります。再び古い問題にとらわれることもありそう。「いい子」の仮面にとらわれたくないからと、「逃げ」は禁物。ギリギリまで我慢した結果、感情が爆発するのは避けたいもの。心のモヤモヤにもきちんと向き合って。

2025年のあなた

長い間の夢を形にしつつ、新しいことにも挑戦

2023年と2024年は、「環境や伝達」と「居場所」のエリアを変容の星・冥王星が行き来したため、優等生の殻を破りたいと思うと、自分の居場所ではわがままにふるまってしまうなんてことも。でも、冥王星は、2024年の11月20日に「居場所」のエリアに入りきります。あなたが関わる場所では、あなたの力が何か絶対的な、カリスマ的なものになっていく可能性が。居場所そのもので、大きな変容が起こることも。

そのうえで、3月30日に境界を溶かす海王星が、5月25日には現実化の星・土星が「ルーティンワークや日常生活」のエリアに入ります。仕事や生活のパターンを大きく変えることになるかも。これまでも夢見て、準備してきたことをとうとう実行に移すかもしれません。

6月10日には「ステップアップ」のエリアに拡大と保護の星・木星が、さらに、7月7日には自立や変革をもたらす天王星が「潜在意識」のエリアに入ります。過去を手放し、本当に望んでいる懐かしい場所へと移る可能性があります。Iターン、Uターンを検討したくなるかもしれません。

9月1日からは土星が、10月22日からは海王星が「恋愛や創造、子ども」のエリアに戻りますが、2026年の1月27日には海王星が、2月14日には土星が「ルーティンワークや日常生活」のエリアに。4月26日には天王星が「潜在意識」のエリアに入りきります。長く温めてきたことを形にしつつ、新しいことにも挑戦していくタイミングです。

2021年から2025年にかけて、さそり座にとっては、「居場所」が大きなテーマに。家族のこと、住まいのことなど、考えないといけない気がかりがたくさんあるようです。仕事においても、これまでの肩書きにとらわれず、ひらめいたアイデアを果敢に実行していくことが求められます。傷ついても、投げ出したくなっても、自分の世界にひきこもらず、世界にエネルギーを投げかけていきましょう。

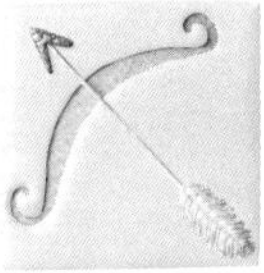

いて座の 2021年~2025年

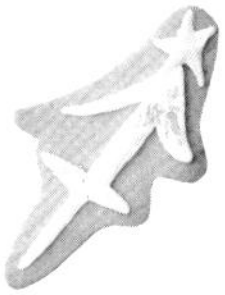

Sagittarius 11.22 - 12.21

この10年のあなた

ここ数年、芽生えているのは、新しいステージへの願望

いて座の象徴は、弓を引く半人半馬のケイローン。弓矢のように、「今、ここ」より、未来や遠い場所を飛んでいこうとしています。新卒時にはいつも旅をしていたいと旅行代理店を選んだり、より高尚な知恵を求めて、アカデミックな世界に進んだり、海外の大学院に留学したりしたかもしれません。デスクワークでも、「旅」があなたの息抜きのはずです。

興味深いのは、新しい道に進むときは、過去をきっぱり手放したいと考え、遠方への移住などで、仕事も、住まいもすべてリセットしたいと願う人が多いこと。本当に実行するかどうかは別として、「新しい自分になる」という変身願望をいつも心に宿している、「出発が好き」な人たちです。そして、新しいステージに移ったら、昔のことはすっかり忘れ去ってしまうのも特徴です。

そんな常に前向きないて座には大昔の話のように受け取られそうですが、1995年から2008年にかけて、変容の星・冥王星は、いて座にありました。「自分に正直でありたい」といういて座の性質が極限まで高まり、やりたいことにチャレンジした、思い出深い時代かもしれません。その分、失敗も多く、大成功と大失敗を行き来した人もいるでしょう。この時期が子ども時代に当たる人は、奔放な親に振りまわされていた可能性も。

そんないて座のドラマが次の章に入ったのが2008年のこと。「経済や豊かさ」のエリアに冥王星が入ったことで、豊かさの感覚は、大きく変容したはずです。

一方、自立や変革の星・天王星は、2010年から2011年にかけて、「恋愛や創造、子ども」のエリアに入り、以来、2018年の一時期を除き、2019年の３月まで、このエリアに滞在していました。恋愛ではめまぐるしく相手が変わったり、やりたいことでも、なかなか続かなかったりしたかもしれません。

そして、2018年から2019年にかけて、天王星は、今度は、「ルーティンワークや日常生活」のエリアに入りました。以来、このエリアにありますが、仕事や生活についても、再び「根本的に変えたい」「古いものを手放したい」気持ちが高まっているかもしれません。独立や転職という新展開が視野に入ってきたのでは。常に成長していたい、いて座ならではの発想。普通の人なら安定に喜びを覚えるのですが、いて座は回遊魚のようなもので、新しいことをしていないと退屈してしまうのです。

ただ、2017年末には現実化の星・土星も「経済や豊かさ」のエリアに入ったので、経済的には基盤を作る必要にも迫られていました。新しいスリルも経験しながら、どう豊かさの基盤を作るかが課題となっているようです。

2020年の今の立ち位置

経済や豊かさについて、基盤づくりが求められている

2019年の12月に拡大と保護の星・木星が「経済や豊かさ」のエリアにやってきました。このエリアには2008年から変容の星・冥王星が、2017年末からは現実化の星・土星が滞在しています。そのため、経済的にはどうやったら事業や仕事が継続するのかを考えないといけないのが2020年でした。

その一方、3月22日から7月2日にかけて、土星が「環境や伝達」のエリアに入りました。新型コロナウイルスの影響もあり、ステイホームが求められた時期でもありましたね。旅好きのいて座には苦痛だったはずですが、オンラインで新しいことを学んだり、教えたりといった取り組みを始めた人も多いはずです。

でも、7月2日から、土星が「経済や豊かさ」のエリアに戻ったことから、この秋は、木星・土星・冥王星のパワーを受け、2008年以来の「豊かさ」の課題に向き合い、実りを収穫していって。

ひとつ心配があるとしたら、いて座は、旅や自由が好きなことから、旅行業やゲストハウスといった観光業に携わる人も多いであろうこと。海外との関わりも他の星座より多いはずなので、その分、新型コロナウイルスの流行での影響も大きいかもしれません。慎重な舵取りが求められます。

2021年のあなた

オンラインやSNSの活動がプラスに働くとき

2020年の12月17日に現実化の星・土星が、19日に拡大と保護の星・木星が、「環境や伝達」のエリアに入ったうえで、2021年が始まります。2020年の春から夏にもこのエリアに土星がありました。ステイホームの大合唱の中で、オンラインでの展開に取り組んだことがあれば、今年はそれがプラスに働くでしょう。

5月14日から7月28日にかけては、木星が「居場所」を表すエリアに入ります。ここには境界を曖昧にする海王星も滞在。たとえば、これまで心配していた家族の問題が解決するかもしれません。ペットなどの癒しの存在が家庭に喜びをもたらしてくれることもありそう。

2022年のあなた

春先はクリエイティヴな挑戦を。しっかりと物ごとを推し進める

2021年の12月29日に拡大と保護の星・木星が「居場所」のエリアに再び入ったところで、2022年がスタート。現実化やルールの星・土星は、まだ「環境や伝達」のエリアにありますし、家庭でゆっくりする流れは、まだ続いています。2022年も、

オンラインやSNSでの取り組みには力を入れていきましょう。

でも、５月11日に木星が、25日に行動や戦いの星・火星が「恋愛や創造、子ども」のエリアに入ると、こうしたスローライフは終わりを告げそう。身体の中からパワーが湧き出て、クリイティヴな挑戦をしたくなるのです。

いて座が象徴する身体のパーツは太ももや肝臓です。どんなものでも受け入れて、解毒する肝臓そのままに、いて座も、大抵のことは受け止め、周囲を応援しようとします。そして、太ももを使ってしっかりと歩き、前向きに物ごとを推し進めるのです。2022年は、もち前の馬力を存分に生かして。

秋になると、10月28日から12月20日にかけて、木星が再び「居場所」のエリアに戻ります。スローライフと癒しの流れが戻ってきそう。それは仕事でも言えて、たとえば、あなたがお店やゲストハウスをやっていたら、常連さんとの間で、心温まる交流が生まれるかもしれません。

2023年のあなた

ポジティヴに、おもしろいことをやりたくなる

2022年の12月20日に、拡大と保護の星・木星が「恋愛や創造、子ども」のエリアに再び入ったうえで、2023年がスタートします。苦境にあっても、おもしろいことをやろうといういて座ならではのたくましさ、前向きさが出てきそうです。

３月には星のビッグイベントが待っています。まず３月７日に現実化の星・土星が「居場所」のエリアに入ります。このエリアには境界を溶かす海王星もありますが、今までの居場所から去ることもあり得るとき。夢を与えてくれる新しい場所へと旅立ちたくなるのです。

３月24日には変容の星・冥王星が「環境や伝達」のエリアに入ります。身近な場所は大きな流れに飲み込まれ、変わりつつあるようです。ただ６月11日には冥王星は、「経済や豊かさ」のエリアに戻ります。2023年は、新旧の価値観に大きく揺さぶられるときだと言えるでしょう。

一方、木星は、５月17日に、「ルーティンワークや日常生活」のエリアに入ります。このエリアには自立や変革の星・天王星も滞在しているので、2023年後半は、都会派だったのが郊外に出るといったように、ライフスタイルそのものを変えていくことも。二拠点居住などもいいかもしれません。

2024年のあなた

生活を大きく変える可能性。知恵を求めて多くの人が集まる

2024年の初めは、拡大と保護の星・木星と自立や変革の星・天王星が「ルーティンワークや日常生活」のエリアに滞在しています。現実化の星・土星と境界を溶かす海王星は、「居場所」のエリアにあります。今までの居場所を離れる、生活そのも

のが大きく変わる流れは2023年と同様です。
　そんな中、１月21日には変容の星・冥王星が「環境や伝達」のエリアに再び入ります。あなたの環境では管理がきつくなり、自由がないように感じられるかも。
　５月26日に、木星が「人間関係」のエリアに入ると、またシフトが。大勢の人とおしゃべりする機会が増えるので、あなたの知恵をシェアしてあげて。これまでの人生経験が糧になるとき。秋になると、９月２日から11月20日にかけて、冥王星が「経済や豊かさ」のエリアに戻ります。経済的に大きな変容があるかもしれません。

2025年のあなた

新天地で新しい挑戦を。人間関係も様変わりしていく

　2023年と2024年は、「経済や豊かさ」のエリアと「環境や伝達」のエリアを変容の星・冥王星が行き来したため、世の中の価値観も、自分の価値観も、揺さぶられ、疲れるところがあったかもしれません。でも、冥王星は、2024年の11月20日に「環境や伝達」のエリアに入りきり、そのうえで、2025年を迎えます。
　2025年は、あなたが夢を抱くものも、人生への価値観も、大きく変わりそうな一年です。３月30日には境界を溶かす海王星が「恋愛や創造、子ども」のエリアへ入りますし、５月25日には現実化の星・土星もこのエリアに入ります。新しい土地へと出かけ、好きなことをやりたいという気持ちがムクムクと湧いてきます。
　６月10日には「潜在意識」のエリアに拡大と保護の星・木星が、さらに、７月７日には自立や変革をもたらす天王星が「人間関係」のエリアに入ります。この頃は、気持ちも、行動も揺れやすく、衝動を抑えられないかもしれません。
　９月１日には土星が、10月22日には海王星が「居場所」のエリアに戻りますが、2026年の１月27日には海王星が、２月14日には土星が「恋愛や創造、子ども」のエリアに。４月26日には天王星が「人間関係」のエリアに入りきります。人間関係も様変わりする中、新しい人生へと踏み出していくときです。
　2020年の段階では苦境にあるいて座さんもいるかもしれません。でも、それで負ける人ではないのも確か。2021年から2025年の間に、新たな土地で、新たなチャレンジをする。そんな強さがまた湧いてくるはずです。力強く立ち上がり、大地を踏みしめて歩いていきましょう。

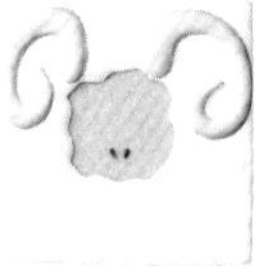

やぎ座の
2021年~2025年

Capricorn 12.22 - 1.19

この10年のあなた

エッセンシャルワーカーとして組織の中でこそ能力を発揮

ルールの星・土星が守護するやぎ座は、身体のパーツでは骨格を象徴しますが、社会の中でも骨組みとなる業種にはやぎ座に星をもつ人が多いのです。鉄道、電気などの社会的インフラ企業、公務員や医療などの分野です。やぎ座に拡大と保護の星・木星が滞在した2020年は、こうした業界で働くエッセンシャルワーカーに注目が集まったのは記憶に新しいところですね。事務職でも医療事務を選ぶというように、社会貢献の意識が高いグループです。

中には社会や組織に適応しようと、過剰なまでに努力する人もいますが、本来、人からの評価を得てこそ、喜びが得られるタイプ。わかりやすいピラミッドと適度な競争が用意された「組織」が性に合うのかもしれません。そのため、会社を離れて活動するといったワークシフトを考えるのはリタイア後の可能性がこれまでは大きかったでしょう。

そんな風に、努力家として表現されることも多いやぎ座ですが、実は、この十数年に限っては、また違う一面が見えていました。2008年にやぎ座に入った変容の星・冥王星の影響です。2008年と言えば、リーマンショックがあった年ですが、あの頃から人生が大きく変わってきたという人も多いのではないでしょうか。優等生の自分が嫌になって、やりたいことに挑戦し始めた人。そのために古い人生を捨て去り、離婚してシングルマザーになる道を選んだ人など、ドラマティックな人生物語の主人公になったやぎ座さんも目立ちます。その背後には、社会の中で上昇してポジションを得たいという強い欲求も存在していたようです。

一方、自立や変革の星・天王星は、2010年から2011年にかけて、「居場所」のエリアに入り、以来、2018年から2019年にかけて、次の「恋愛や創造、子ども」のエリアに入るまで、ここに滞在していました。2018年頃までは、やぎ座のあなたが自分のポジションを盤石なものに固めようと思うと、そこに逆らう生意気な人がいるように感じられ、その人をコントロールしようと躍起になっていたかもしれません。

でも、2017年末には守護星の土星もやぎ座にやってきたので、これまで、社会の中で上昇したいという強い欲求をもっていた人も、現実的な落ち着きどころを見せたのでは。また、天王星も「居場所」のエリアを去ったので、反抗的な人との戦いも落ち着いてきたはずです。もっと評価が欲しいという態度を手放してみると、ありのままのあなたのまじめな魅力が周囲の人たちに認められ、逆によいポジションへと自然に上昇したやぎ座さんも多いと思います。

2020年の今の立ち位置

経済的なリターンはもうひとつ。でも、チャンスと注目は集まる

2019年の12月に拡大と保護の星・木星も、やぎ座にやってきました。やぎ座には2008年から変容の星・冥王星が、2017年末からは現実化の星・土星が滞在しています。つまり、2020年頭は、やぎ座に木星・冥王星・土星が揃い、あなたにチャンスや注目をもたらしていました。

ただ、3月22日から7月2日にかけて、土星はやぎ座を去り、「経済や豊かさ」のエリアに入りました。豊かさの基盤づくりを意識するとともに、仕事でも明確な成果を求められたはずです。それがプレッシャーになっていた人も多いかも。その割に、経済的なリターンが少ないという悩みもありそうです。

でも、それも、7月2日まで。土星がやぎ座に戻ったことから、この秋は、木星・土星・冥王星が再びやぎ座に集結するパワーを受け、2008年以来、あなたが取り組んできた変容の仕上げをすることになりそう。それは、もしかしたら、もっと前から。ここ20年くらいの〝総まとめ〟となる人もいるに違いありません。

2021年のあなた

経済的な問題に答えを出し、困っている人を助ける

あなたに注目とチャンスが集まる一年が終わり、2020年の12月17日に現実化の星・土星が、19日に拡大と保護の星・木星が「経済や豊かさ」のエリアに入ります。2020年の春の土星によって見えてきた経済的な課題に挑戦する流れが到来します。特に、ウェブなどIT分野に関わっている人は、PVを集めて収益を上げるなど難しいミッションが下りそう。5月14日から7月28日にかけて、木星が「環境や伝達」のエリアに入ります。このエリアには境界を溶かす海王星もあります。困っている人への同情が高まり、彼らを助けることになるかも。7月28日以降は、再び収益のアップが求められています。

2022年のあなた

経済的な基盤づくりをしつつ、人助けや家庭の問題に奔走

2021年の12月29日に拡大と保護の星・木星が「環境や伝達」のエリアに再び入ったところで、2022年がスタートします。現実化やルールの星・土星は、まだ「経済や豊かさ」のエリアにあります。2022年も、経済的な成果を上げ、今後につながる基盤を作りながら、身近な人たちを助けていくことに。

でも、5月11日に木星が、25日に行動や戦いの星・火星が「居場所」のエリアに

入ると、あなたを囲む状況は一変します。コミュニティでの人助けより、家庭の問題が出てきたりして、忙しくなりそうです。一人でいたいと思っても、騒がしく日々が過ぎていきそう。10月28日から12月20日にかけて、木星が再び「環境や伝達」のエリアに入ると、社会的弱者へのあなたのやさしい視点が光りそうです。ボランティアやドネーションなどの活動が活発になるかもしれません。

2023年のあなた

ワンオペで問題解決に奮闘。収入のあり方も変わっていく

2022年の12月20日に、拡大と保護の星・木星が「居場所」のエリアに再び入ったうえで、2023年がスタートします。家庭の問題なども出てきそう。ワンオペで解決しないといけない問題が多いのですが、解決の方法もきっと見えてくるはず。

3月には星のビッグイベントが待っています。3月7日に現実化の星・土星が「環境や伝達」のエリアに入ります。このエリアには境界を溶かす海王星もありますが、人助けがさらに課題に。NPOを立ち上げるなど、以前からやりたかったことに挑戦してみては。

もっとも大きな影響を受けるのは、3月24日には変容の星・冥王星がやぎ座をいったん去ることです。「経済や豊かさ」のエリアに入るのですが、冥王星がエリアを動くのは2008年以来。社会にとっても、あなたにとっても、とても大きなシフト。「上昇しなければいけない」といった欲求は、一時的に消え去り、収入のあり方が大きく変わるかもしれません。ただ、6月11日に冥王星はやぎ座に戻ってくるので、再び承認欲求が強くなる可能性もあります。

一方、木星は、5月17日に、「恋愛や創造、子ども」のエリアに入ります。このエリアには自立や変革の星・天王星も滞在しているので、2023年後半は、子どものいる人なら子離れをするとか、あなたが大好きだった世界と距離ができそう。まったく新しい世界、新しい出会いが待っているかもしれません。

2024年のあなた

一人の時間が欲しくなり、仕事についても模索が続く

2024年頭は、変容の星・冥王星は、やぎ座に戻っています。拡大と保護の星・木星と自立や変革の星・天王星が「恋愛や創造、子ども」のエリアに滞在しています。現実化の星・土星と境界を溶かす海王星は、「環境や伝達」のエリアにあります。2023年に続き、子離れなど自立の流れがあり、コミュニティから離れて、一人で時間を過ごしたくなるかもしれません。

そんな中、1月21日には冥王星が再びやぎ座を去り、「経済や豊かさ」のエリアに入ります。収入のあり方を見直すとともに、オンラインとの関わりが増えそうです。

5月26日に、木星が「ルーティンワークや日常生活」のエリアに入ると、仕事にはよい風が吹いてきます。あなたの毎日がスムーズにまわるように、応援してくれる人もいるときです。そして、9月2日から11月20日にかけて、冥王星がやぎ座に戻ります。あなたにとって、冥王星がやぎ座に滞在する最後の期間でもあり、達成を求めて、ガムシャラに動くことになるかもしれません。

2025年のあなた

古い肩書きが消える中、収入については発想を変えてみる

2023年と2024年は、変容の星・冥王星がやぎ座を出たり入ったり。社会情勢に翻弄されるなど落ち着かなかったと思いますが、冥王星は、2024年の11月20日にやぎ座を本当に去り、「経済や豊かさ」のエリアに入りきります。2025年は、あなたをつき動かしていた承認欲求がなくなるため、古い肩書きは消えていきますが、次の時代にやるべきことが見えてくるタイミングです。

そのうえで、3月30日に境界を溶かす海王星が、5月25日には現実化の星・土星が「居場所」のエリアに入ります。新天地が視野に入ってきます。職場でも異動があるかもしれませんし、在宅ワークやジョブ単位での受注など、仕事のあり方も変わってくる可能性があります。

6月10日には拡大と保護の星・木星が「人間関係」のエリアに、7月7日には自立や変革の星・天王星が「ルーティンワークや日常生活」のエリアに入ります。これだけ外惑星が動くと、仕事や人間関係でめまぐるしい変化がありそうですが、それを力強くサポートしてくれる人もいます。海外との関わりが増えたり、企業の中にいても、専門職として働いたり、独立して動く傾向も。

9月1日には土星が、10月22日には海王星が「環境や伝達」のエリアに戻ります。11月8日には天王星も、「恋愛や創造、子ども」のエリアに戻ります。でも、2026年の1月27日には海王星が、2月14日には土星が再び「居場所」のエリアに。4月26日には天王星が「ルーティンワークや日常生活」のエリアに入りきります。ライフスタイルや居場所が変わる流れは加速していきそう。

2021年から2025年の5年をかけて、冥王星がやぎ座を去り、みずがめ座に移行します。やぎ座のあなたは、古い価値観と新しい価値観の間で大きく揺れることに。収入のあり方や人間関係も変わる可能性があり、模索が続きそう。この十数年、たくさん悩んで、たくさん泣いて、大人になったやぎ座のあなた。優等生からの真の脱皮を目指すのはこれからかもしれませんね。もともとまじめで努力家のあなた。そんな自分を信じることで、きっと未来も変わっていきます。

みずがめ座の
2021年~2025年

Aquarius 1.20 - 2.18

この10年のあなた

インターネットに惹かれ、ユニセックスな生き方にトライ

みずがめ座を守護する天王星が時間や空間に縛られるのを嫌うように、みずがめ座も、伝統を押しつけられるのを嫌い、革新を好みます。特に、1990年代後半から2000年代は、みずがめ座に天王星や境界を溶かす星・海王星が滞在していたので、みずがめ座の世界観を体現したインターネットや携帯電話がもてはやされ、パーソナルコンピューターにより、個人の力が増していきました。みずがめ座生まれのあなたも、時代の先端を行くITの世界に魅力を感じていたかもしれません。同時に、伝統的な価値観への反発とユニセックスな生き方も、あなたの心を揺さぶったのでは。当時のあなたは、未来はとても明るく、何でも可能だと万能感をもっていたはずです。

でも、みずがめ座にとってのひとつ前のエリアに2008年、変容の星・冥王星が入ったことで、あなたと社会の関わり方は大きく変容したはず。守護星の天王星も2010年から2011年にかけて、「環境や伝達」のエリアに入り、以来、このエリアに滞在していましたから、新しい世界に飛び込み、奮闘していた可能性もあります。

そして、2018年から2019年にかけて、天王星は、「居場所」のエリアに入りました。以来、このエリアにありますが、あなたは、再び新天地を求めて、まったく違うステージへと移ろうとしているかもしれません。

2020年の今の立ち位置

土星がみずがめ座に。アップデートの必要性を実感

2019年の12月に拡大と保護の星・木星がひとつ前のエリアにやってきました。このエリアには2008年から変容の星・冥王星が、2017年末からは現実化の星・土星が滞在しています。みずがめ座は、社会から引きこもる癖がありますが、2020年頭は、社会からのあなたへの要請が多いときでした。フリーランスの人でも、仕事の受注が多かったかもしれません。

2020年3月22日から7月2日にかけては、土星がみずがめ座に入りました。今までのみずがめ座は、社会の真ん中より、ちょっと端っこにいるのを心地よく感じていたとしても、時代のスタンダードを作り出す土星によって、2020年は、責任が重くなっているはず。あなた自身が会社勤めだと、多くの人が在宅勤務になったのを

横目で見て、うらやましく感じたかも。
ITの世界にも今までほどワクワクしなくなったかもしれません。企業でユニセックスに働くことにも疲れを覚える可能性もあります。自分の力だけで時空や常識を超える限界を感じると同時に、自分自身のアップデートの必要性もひしひしと感じたはず。なぜなら、多くの優秀な人がフリーランス的な働き方をするようになれば、ライバルも増えるからです。でも、ピンチはチャンスでもあります。あなたのデジタル技術やセンスを生かした新しい展開を考えてみましょう。ITスキルを一般に教えたり、若いエンジニアを指導したりもおすすめです。
でも、それも、7月2日まで。土星がひとつ前のエリアに戻ったことから、この秋は、木星・土星・冥王星のパワーを受けて、あなたへの世の中の需要も再び高まっていきそう。もしあなたがみずがめ座らしい、専門的な職能を今まで身につけていないなら、この機会に勉強してみてもいいでしょう。

2021年のあなた

みずがめ座に土星と木星が。自分らしくいられるとき

2020年の12月17日に現実化の星・土星が、19日に拡大と保護の星・木星が、みずがめ座に入ったところで、2021年を迎えます。
2020年の春は、これまでのやり方に限界や停滞を感じた人も多いかもしれませんが、実は、みずがめ座にはまだポテンシャルがあります。と言うのも、今後、みずがめ座に変容の星・冥王星がやってくるからです。みずがめ座が象徴するITの世界も今後、変わっていきますし、これまでの常識は捨てていくことが大切です。
みずがめ座の理想には「ユニセックスで、男女平等な働き方」があります。これまで、女性でも管理職になるといった、「男女平等の働き方の形」にこだわっていた人は、さらに一歩進んで、「個人が自分らしくある生き方、働き方」というみずがめ座の本質に迫って、人生を考え直すと、行き詰まりを打開できるはずです。
5月14日から7月28日にかけて、木星が「経済や豊かさ」のエリアに入ります。このエリアには境界を溶かす海王星もありますが、収入は増えていく可能性が。この頃は、副業をしてみても。

2022年のあなた

土星がみずがめ座に居残り。試練の中で未来を模索

2021年の12月29日に拡大と保護の星・木星が「経済や豊かさ」のエリアに再び入ったところで、2022年がスタートします。現実化やルールの星・土星は、まだみずがめ座にあります。木星は去ったのに土星が残るので、試練を感じることも。経済的に困ることはなさそうですが、2021年にはあったあなたの働き方や生き方へのサ

ポートや応援は、2022年は、鳴りをひそめるかもしれません。

5月11日に木星が、25日に行動や戦いの星・火星が「環境や伝達」のエリアに入ると、コミュニティの関わりが活発に。たとえば、デジタル技術をカルチャーセンターで教えるとか、個人でオンラインレッスンをするとかもあるかもしれません。あなた自身も、興味のあることはジャンルを問わず、学んでみましょう。

秋になると、10月28日から12月20日にかけて、木星が再び「経済や豊かさ」のエリアに戻ってきます。ここでは、また副業が活発になるかもしれません。

2023年のあなた

冥王星がみずがめ座に。移住や副業に本腰を入れる予感

2022年の12月20日に、拡大と保護の星・木星が「環境や伝達」のエリアに再び入ったうえで、2023年がスタートします。コミュニティからの要請が活発になるときで、とても忙しい冬となりそう。

でも、3月には星のビッグイベントが待っています。まず3月7日に現実化の星・土星がみずがめ座を去り、「経済や豊かさ」のエリアに入ります。このエリアには境界を溶かす海王星もありますが、経済的な面では、これまでお試し感覚だった副業をしっかりしたものに育てる必要が出てくるかも。

そして、3月24日には変容の星・冥王星がみずがめ座に入ります。冥王星の到来は、あなたの人生に大きなインパクトをもたらすでしょう。あなた自身がカリスマになることもありますが、多くは、支配的な存在にあなたの自由を邪魔されるように感じるかもしれません。活躍する反面、自由がなくなりそう。ただ6月11日には冥王星は、ひとつ前のエリアに戻るので、2023年は、新旧の価値観や仕事が入り混じり、ちょっと混乱した一年となりそうです。

一方、木星は、5月17日に、「居場所」のエリアに入ります。このエリアには自立や変革をもたらす守護星の天王星も滞在しているので、2023年後半は、たとえば、移住や二拠点居住など、かなり思い切った展開を選択することも。

2024年のあなた

冥王星が出たり、入ったり。デジタル世界の変容に右往左往

2024年の初めは、拡大と保護の星・木星と自立や変革の星・天王星が「居場所」のエリアに滞在しています。移住や二拠点居住の可能性は続いています。また、現実化の星・土星と境界を溶かす海王星は、「経済や豊かさ」のエリアにあります。副業についても、しっかりした責任を求められるように。

そんな中、1月21日には変容の星・冥王星がみずがめ座に再び入ります。あなた

がカリスマになる、あるいはカリスマ的な人物に出会うといった流れが加速していきます。そして、いわゆるデジタル・トランスフォーメーションと言われるITの世界の変容も本格的に。さまざまなシステムやサービスができて、あなたの目指す働き方や生き方をサポートしてくれそうです。ただ、その波に飲み込まれ、押しつぶされることもないではないので、舵取りは慎重に。

そのうえで、2024年のシフトは、もう一度あります。5月26日に、木星が「恋愛や創造、子ども」のエリアに入るのです。それがオンラインでも、多くの人と活発に交流することになりそうです。たとえば、子どもたちを相手に得意なことを教えてみると、喜びを得られるかも。9月2日から11月20日にかけて、冥王星がひとつ前のエリアに戻ります。この頃は、再び従来の仕事が忙しくなるでしょう。

2025年のあなた

冥王星がみずがめ座を進み、存在感が増していく

2023年と2024年は、ひとつ前のエリアとみずがめ座を変容の星・冥王星が行き来したため、あなたも、そうした時代の波に翻弄されていたかもしれません。でも、冥王星は、2024年の11月20日にみずがめ座に入りきることになります。

そのうえで、2025年3月30日に境界を溶かす海王星が、5月25日には現実化の星・土星が「環境や伝達」のエリアに入ります。ユニセックスな働き方や価値観を身につけたあなたの存在感がコミュニティの中で光を放ちそうです。

6月10日には「ルーティンワークや日常生活」のエリアに拡大と保護の星・木星が入るので、生活はとても楽しくなりそう。7月7日には自立や変革をもたらす守護星の天王星が「恋愛や創造、子ども」のエリアに入ることから、先進的な意識をもつ人たちとの交流が始まる予感もあります。

9月1日には土星が、10月22日には海王星が「経済や豊かさ」のエリアに戻りますが、2026年の1月27日には海王星が、2月14日には土星が「環境や伝達」のエリアに、4月26日には天王星が「恋愛や創造、子ども」のエリアに入ります。この頃は、自分のやりたいようにできる、いい時期と言えるかもしれません。

木星、土星、冥王星と多くの星たちがみずがめ座を訪れる2021年から2025年というのは、まさに、みずがめ座の時代。多くの人があなたにアドバイスを求めてきそうです。力をもち、カリスマ的な存在となる可能性もある反面、不自由さを感じることも。自分を飾ろうとせず、ナチュラルな自分らしさや楽しさを忘れないことがきっととても大切です。

うお座の 2021年～2025年

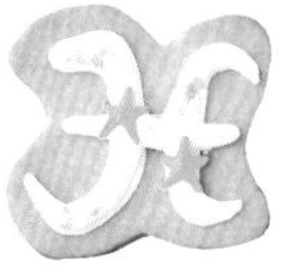

Pisces 2.19 - 3.20

この10年のあなた

無条件の愛を求めて、抱きしめてくれる人を探していた

うお座は、「無条件の愛情」という価値観をもつ星座です。海王星が守護し、他者や外界との境界が曖昧なので、誰にでも身内のように接し、やさしく愛を与え合うワンネスの世界に憧れているかもしれません。一般には事務職はもちろん、介護士や心理療法士、人の話を聞くバーテンダーなどに従事している人も多いうお座。変わったところではヒーラー、アニマルコミュニケーターなどもうお座的な職業。サポート業務や感情労働の一翼を担う人たちです。

うお座にとって、この10年で、もっとも大きな星のイベントは、2011年から2012年にかけて、守護星の海王星がうお座に入ったことでしょう。以来、現在に至るまで、うお座に滞在する海王星は、うお座の「境界のなさ」を増幅させています。その前段階には、自立や変革をもたらす天王星が2010年から2011年にかけて、うお座を去ったこともあります。2000年代のあなたは、天王星の影響で自立を目指して、エキセントリックなまでにがんばっていた可能性がありますが、それにも疲れてしまい、迎えたのが2010年代なのです。

「もう、昔のようにはがんばれない、がんばりたくない」という気持ちをひきずりながら、仕事や結婚生活を続けていたかもしれません。同時に、以前なら、人に尽くす方向に向かっていた無条件の愛情が今度は、自分が愛されたいという思いに変わってきているかも。これまでの自分のがんばりを誰も認めてくれない気がして、受け入れてくれる、抱きしめてくれる人を探していたようにも見えます。

そして、2018年から2019年にかけて、天王星は、今度は、「環境や伝達」のエリアに入り、以来、このエリアにあります。うお座のあなたは、気持ちよく働ける、ありのままのあなたを受け入れてくれる新しい世界を求めて、さまよっていたかもしれません。

2020年の今の立ち位置

未来のシナリオを書き換えたくなるタイミング

2019年の12月に拡大と保護の星・木星が「仲間や未来」のエリアにやってきました。このエリアには2008年から変容の星・冥王星が、2017年末からは現実化の星・土星が滞在しています。2020年頭は、未来を書き換えたいという願望が強くなっていたかもしれません。

その一方、３月22日から７月２日にかけて、土星がひとつ前のエリアに入りました。普段の対人関係ではやさしいあなたですが、合理的な面も出てきていたはず。冷静にメリットとデメリットを推し測り、必要なときは、自分の殻に引きこもっていたかもしれません。

でも、それも、７月２日まで。土星が「仲間や未来」のエリアに戻ったことから、この秋は、木星・土星・冥王星のパワーを受け、2008年以来の「未来を書き換えたい」という願望を叶えるために動くことに。今の人生がすごく嫌なわけではなくても、このまま同じ毎日が続くのは耐えられないという気分では。それだけ、ありのままのあなたを愛し、受け入れてくれる人をきっと求めているのです。

2021年のあなた

初夏にはうお座に木星が到来。人よりも自分を癒して

2020年の12月17日に現実化の星・土星が、19日に拡大と保護の星・木星が、ひとつ前のエリアに入ります。2021年は、引きこもって過ごすことが多くなるかも。

５月14日から７月28日にかけては、木星がうお座の頭上にやってきます。境界を溶かす海王星の滞在によって、ずっと感じていた「無条件に愛されたい」という気持ち。これが木星によって、癒されそうです。

たとえば、これまで自分が愛されたいのに、それを殺して人のために尽くしてきたやさしいうお座さんがいるとします。介護士や心理療法士などの感情労働も、確かにうお座と相性はよいのですが、仕事と個人的なお付き合いの線引きをしにくくなる心配が。他者の心を敏感に察するあまり、疲弊してしまい、自分自身が限界になることも考えられます。

でも、そんな自己犠牲的な傾向に、「もう、いいかな」と思えそうなのがこの頃。セラピーを受けてもいいかもしれません。実は、うお座は商売にも適性が。人の気持ちを敏感に察するゆえに、人の感情を動かしてお金を得ることに長けています。実店舗だとお客さまとの付き合いに疲れることもありそうですが、副業でオンラインショップを開くなどは合っています。思いがけない発展もありそう。

2022年のあなた

初夏には豊かさの流れが。ありのままの自分を受け入れて

2021年の12月29日に拡大と保護の星・木星が再びうお座に入ったうえで、2022年がスタートします。現実化やルールの星・土星は、まだひとつ前のエリアにあります。2022年も、引きこもった気分はなくなりそうもありませんが、引き続き、オンラインショップなど、ステイホームでもできることをがんばってみて。

でも、５月11日に木星が、25日に行動や戦いの星・火星が「経済や豊かさ」のエリアに入ると、「お金を稼ぐ」チャンスが到来します。実際に、お金の流れも活発になりそうですし、仕事でも、時給のよいものに出会えたり、売り上げが伸びたりするかもしれません。

10月28日から12月20日にかけて、木星が再び、うお座に戻ります。少し引きこもりつつも、それが自分らしいと受け入れてもいる。そんな日々がまたやってきます。あなたの真価を認めてくれる人が多いときでもあり、自分らしくいられそう。

2023年のあなた

豊かさには追い風が。理想と現実の狭間で悩む日々

2022年の12月20日に、拡大と保護の星・木星が「経済や豊かさ」のエリアに再び入ったうえで、2023年がスタート。「お金を稼ぐ」チャンスに恵まれそう。

３月には星のビッグイベントが待っています。３月７日に現実化の星・土星がうお座にやってきます。試練を感じるとともに、これまで、あなたが抱いていた、ありのままの自分を愛してくれる人が欲しいという気持ちを現実のものにしたくなりそう。そのためには理想やファンタジーを捨てるなど、妥協も必要かもしれません。

そして、３月24日には変容の星・冥王星がひとつ前のエリアに入ります。自分だけが相手に尽くしているといった思い込みは手放すことが必要に。

木星は、５月17日に、「環境や伝達」のエリアに入ります。このエリアには自立や変革をもたらす天王星も滞在しているので、環境を変えたくなるかもしれません。2023年後半は、「結婚や恋愛」と「自立」の間で揺れることになりそう。６月11日には冥王星は、「仲間や未来」のエリアに戻るので、未来を書き換えたいという欲求もついてまわることになります。

2024年のあなた

自立と依存の間で悩みつつも、居場所には安心感が

2024年の初めは、拡大と保護の星・木星と自立や変革の星・天王星が「環境や伝達」のエリアに滞在しています。また、現実化の星・土星と境界を溶かす海王星は、うお座にあります。理想を現実にするのか、多少の妥協はするのか。自立というテーマとともに、悩みは深くなりそう。これまで、人のために尽くしてきたけれど、反面、その人からエネルギーを受け取り、依存していた部分があるかもしれないという気づきが訪れそう。人のためにエネルギーを遣わないとか、人に影響されないとかは、周囲との境界線が作れないうお座さんにはかなり難しいのですが、それを学ぶ必要があります。

そんな中、１月21日には変容の星・冥王星がひとつ前のエリアに再び入ります。

未来を変えたいという要求は落ち着きますが、諦めた気分になることも。
そのうえで、2024年のシフトは、前半が終わる頃、もう一度ありそう。５月26日に、木星が「居場所」のエリアに入るのです。実家や故郷との縁が深まったり、今の場所を故郷のように感じたり。自分のいるべき場所はここなのだという安心感がもてそうです。それもあって、未来を変えなくてもよいという諦めを受け入れられるのですね。
ただ、９月２日から11月20日にかけて、冥王星が「仲間や未来」のエリアに戻ります。未来を変えて社会の役に立ちたい気持ちが再びムクムクと湧いてきそう。

2025年のあなた

お金や居場所といった現実的な悩みと真剣に向き合って

2023年と2024年は、ひとつ前のエリアと「仲間や未来」のエリアを変容の星・冥王星が行き来したため、気持ちは錯綜していたと思います。でも、冥王星は、2024年の11月20日にひとつ前のエリアに入りきります。2025年頭は、ある時代が終わったように感じるかもしれません。
そのうえで、３月30日に境界を溶かす守護星の海王星がうお座を去り、「経済や豊かさ」のエリアへ入ります。これは、2012年以来の大きなこと。５月25日には現実化の星・土星もうお座を去り、このエリアに。長い夢から覚めたように、自立が迫られるかもしれません。経済的な基盤作りが求められます。
６月10日には拡大と保護の星・木星が「恋愛や創造、子ども」のエリアに、さらに、７月７日には自立や変革をもたらす天王星が「居場所」のエリアに入ります。新しい恋をしたり、離婚を選んだり、あるいは、子どもの手が離れて、卒婚してみたりと、人生が突然、動く人も多いかもしれません。
９月１日には土星が、10月22日には海王星がうお座に戻り、古い問題が戻ってきますが、2026年の１月27日には海王星が、２月14日には土星が「経済や豊かさ」のエリアに。４月26日には天王星が「居場所」のエリアに入りきります。お金と居場所の悩みについて、本格的に向き合う時代となりそうです。
2021年から2025年にかけては、うお座にとっては、木星、土星が順に自分の星座にやってきたうえで、海王星が去るというダイナミックな変化の時期。理想は高まりますが、現実にはどうするのがよいのか、悩みがついてまわりそう。未来を変えたいと焦るより、まずは、今の自分を丸ごと受け入れてみて。ありのままの自分を愛することができれば、もう人に愛を求めなくてもよくなるはずです。

COLUMN

今からでも遅くない!
暮らしを変えるには……私の場合

新しいライフスタイルへと
雪崩が起こる直前にいる

占星術という分野に限らず、先を見通せる人はいます。時代が大きく変わるときは、大抵、その10年、20年前から、新しいライフスタイルへと舵を切った人が登場しているものです。そして、本当に変わり目の直前には、そうした人たちが雑誌やテレビなどにも頻繁に取り上げられるようになり、時代は、雪崩を起こしたように、次のフェイズに向かっていくのです。

2020年という年は、少しずつ進んできた変化がまさに雪崩を起こす直前なのかもしれません。新型コロナウイルスの流行で時代は大きく変わりそうだけれど、旧来の考え方も、ライフスタイルも色濃く残っている。まだ踏みとどまっている感じがあるからです。

普通は、同じ暮らしが続くほうが安心するので、変わりたくない、変わるのが怖いという人もいて当然ですが、私は、実は、いいほうに行く可能性もあると思っています。

リモートワークで
自分の暮らしを作るススメ

ここで少し私の話をさせてください。私は、四半世紀以上前から、雑誌の世界で仕事をしており、17年前からは、個人事業主として編集やライティングの仕事を続けています。星占いを書くようになったのは12年前からです。９年前には沖縄に移住。１、２年のつもりだったのですが、人生のパートナーを得て、４年前には京都に移住しました。その間も、東京のクライアントとのリモートワークは続け、在宅で仕事をしてきたので、ライフスタイルだけをとると、コロナ禍でもさほど変化はなかったのです。

私がこうした暮らしを選んだのは、東日本大震災後、東京に大勢の人が集まって暮らすこと、忙しく仕事ばかりしていることへの違和感が強くなったから。星占いを書く前は、ライフスタイル誌の仕事をしていたのに、自分の暮らしにはまったく季節感がなかった。自然のある中で、もう少し人間らしく暮らしたい、そんな思いからでした。

40歳手前でそんな冒険ができたのも、占星術のライティングという仕事があったから。東京にいるよりはダウンしますが、連載が数本あったので、経済的な基盤は確保できました。これがイチから仕事や人間関係を新天地で築くというのでは、東京の価値観しか知らない私には難しかったと思います。

地方に出てみると、自分のなじんだ東京の暮らしがまったく普通ではなかったことに気がつきます。東京の私は、最後は渋谷に住んで、土日もなく夜中まで働いたり、料理もしなかったりで、そこには暮らしというものはありませんでした。今となると恥ずかしいのですが、オーガニックのカフェに通っているから、月のリズムを意識しているから、私はナチュラル派であると自認していた気がします。もともと東京郊外の出身なので、都心のビル街は苦手。ストレスがたまると、沖縄や海外に出かけ、パワーチャージをして東京に戻ってきますが、一週間もすれば使いきってしまうという具合でした。星占いの連載をしていた『エル・オンライン』でスピリチュアルなブログも書くように依頼されて、ヒマラヤ聖者やアメリカ・セドナのヒーラーを取材しては宣伝する、そんなインフルエンサーの走りのようなこともしていました。楽しくて、孤独で、毎日がお祭り騒ぎだったな、と思います。

それが沖縄では時間のゆとりができたので、料理をするようになり、東京なら行くこともない稲門会(早稲田大学の卒業生のための会)に顔を出して、パートナーとも出会いました。京都に来てからは、震災後、ずっと気になっていた「食べ物を自分で作る」ことに挑戦しようと、夫婦で週末だけの農学校に通い、貸し農園が隣接するマンションを見つけて引っ越しました。40代半ばにして、ふわふわと宇宙に漂っていた状態から、地に足をつけて暮らせるようになったのです。

一般の会社勤めの人も、ライフスタイルを変えられる

リモートワークが基本で、東京に行くのは数ヶ月に一度だけ。週の半分くらいは一日数時間、畑に出て、夏になると旅をして暮らす。こうした暮らしは、自分では今の時代にとても合っている気がしていました。でも、読者さんにも勧めたいと思っても、これまでは、仕事の問題がついてまわっていました。結婚していると、夫婦で意見の一致を見るまでに時間もかかるし、お子さんがいたら、教育問題があり、さらにハードルが上がる。また、独身、既婚ともに、実家の近くを離れることに心理的な抵抗感がある女性もまだまだ多いのです。

そのため、自分の暮らしを人に勧めるのはためらわれました。「あなたは特別だからできる」と言われたら、それまでだからです。私と同じように東京に限界を感じて、ライフスタイルを変えたいという会社員の方がセッションにいらしても、やりたいことがあるわけではない、現在の収入を維持したいとなると、新幹線通勤か、早期リタイアに向けての準備しか勧められないのが現実でもありました。

けれど、新型コロナウイルスで、人々の意識は大きく変わりました。東京から本社を移転する会社も増えましたし、週の半分はリモートという会社も多数あります。会社には週に2回だけ行けばいい、朝9時に出社しなくてもいいとなると、会社や駅の近くに高い家賃を出して住む必要はなくなります。実際、首都圏を脱出し、関東の田舎のほうで戸建を探す人も多くなったとか。東京の拠点を引き払わないまでも、セカンドハウスを作って、週の半分はそこで過ごすこともできるようになります。これまでは、先進的な意識をもつ人、手に職がある人だけが実行していたことを一般の会社勤めの人もできる時代がやってきたのですね。むしろ、経済的基盤を確保して、豊かなライフスタイルを手に入れるという意味では、会社勤めの人のほうがアドバンテージがあるかもしれません。

「集中」から「分散」へ。均一に人が住むように

コロナ以前なら、東京のような大都市は、人とともにお金が集まり、そこでは「もっている者」が優位でした。いわば「集中」の時代だったのです。でも、みずがめ座の性質が強く出るポストコロナは、「分散」の時代です。狭いところに人が集まる必要がなくなります。ということは、頭が柔軟で、マインドを変えられる若い世代のほうが優位だし、「もたざる者」にも平等にチャンスがもたらされます。東京では戸建を買えない人も、地方に出れば、チャンスが増える。子どもの教育も、オンラインシステムが充実すれば、東京の中心部に引けをとらなくなる。もう何十年も叫ばれていた「東京一極集中」の解消が現実のものとなってくるはず。

日本の田舎に根強く残る男尊女卑を嫌う若い女の子などは、これからも東京に出

てくるでしょうから、若い人を中心としたカルチャーの発信地という東京の立ち位置はそのままだと思います。また、年をとって車を手放すと、地方にはなかなか住めない。となると、お年を召した方も、交通網の発達した東京から出ることはないかもしれません。でも、働き盛りの世代がド田舎ではなく、自然のあるちょっと郊外へと移動する。そんな「分散」が起こることで、これまでより均一に人が住むようになる。地方にも、新しいライフスタイルがもたらされ、意識が変わる。首都圏も、地方も、ずっと暮らしやすくなるのではないかと思います。

家計の足しにもなる!?
スモールファーマーのススメ

東日本大震災で、「自給自足」や「パーマカルチャー」に興味をもつようになった私ですが、すぐに田舎に行って、そんな生活をするほどの根性はありませんでした。畑をやってみたいと思っても、初めに移住した沖縄では貸し農園なども見かけず、チャレンジできたのは京都に来てからでした。土に触るのも、虫を見るのも嫌いなタイプだったのに、週末だけの有機農法の学校に通い、野菜づくりを学びました。今、住んでいるのは京都市郊外の住宅街。畑も残るのどかなエリア、住まいの隣の農園で、一年間に消費する野菜の半分くらいは作れています。流通を介さないので安心だし、エコでもある。何より植物が育っていくプロセスには幸せを感じられる。スモールファーマーとなれて、本当によかったなあと思っています。

今後、首都圏では空き家が増えていくと言われていますが、おうし座の自立や変革の星・天王星の時代とシンクロして、私のように潜在的に野菜づくりに興味のある人たちは多いはず。屋上菜園付きのマンションなどが増えて、東京などの大都市にも野菜づくりができる環境が増えてきたらいいなあと思います。また、日本人一人一人が自分の食べる野菜の半分くらいは自給できたら、食料不足の心配などもなくなるはず。引きこもりの人なども住まいはあるわけだから、庭で自分の食べる野菜が作れるようになったら、家計の足しになり、安心できるでしょう。それは、年金受給者でも同じですよね。「食べ物＝豊かさを自分で作れる」ことは、おうし座の天王星時代にとても大切なこと。ゲームで勇者がたくさんの武器を身につけて、強くなっていくように、私たちも、そんな力をひとつひとつ身につけていくことで、ポストコロナ＆ウィズコロナの時代を強く生き抜けるのではないかと思っています。

所有の感覚も変わってくるでしょう。これまでなら、住宅や車などをもつことが王道だったかもしれません。でも、みずがめ座の時代は、所有することのリスクが目立つように。空き家も増えてくるので、都市部では賃貸で済ませ、郊外で地盤の安全なエリアに家をもつといった発想が出てきそう。所有の性質のあるおうし座に天王星が入ったことで、プレッパー（食料を備蓄したり、シェルターを作ったりする）的なふるまいをする人が多くなると思います。物をまったくもたないのではなく、必要なものは最大限に備えつつ、不要なものは手放していくことになる。時代はミニマリストから、プレッパーへと変わるのです。

コミュニティに入ると、生活はもっと豊かになる

「運を動かして」という言い方を私はよくします。というのも、会社と住まいの往復だけを続けていると、そこには慣性の法則みたいなものが働いて、生活はまったく変わらなくなってしまうんですね。移住や二拠点居住は、その慣性の法則を簡単に破ることができるのです。会社と都心の小さなマンションと田舎の家というような暮らしだと、少なくとも3つの場所ができる。そして、都心のマンションではコミュニティがないかもしれませんが、外に出ると、会社以外のコミュニティに入れる可能性があります。生活は、それだけでずっと豊かになるはずです。

私が京都で暮らしが豊かだなあと思えるようになったのは、やはり畑がきっかけでした。畑には経験豊かなおじいさん、おばあさんたちがいて、貸し農園なので、集落のような密接なつながりはないものの、さまざまなことを教えてくれます。農学校ではやりきれなかった野菜の育て方、京都の自然のこと、野菜の調理の仕方、おばんざいの作り方。時には野菜や漬物をお裾分けしていただいたりもしました。気持ちのよいコミュニティができて、お付き合いが生まれていく。東京都心で長く暮らしていた私にも抵抗のない、ちょうどよい距離感のコミュニティでした。

人生を誰に預けることもなく、自分ごととして考える

ここで再び、『LEE』1月号(2019年12月発売)の私の文章を引用してみます。

「伝統的な生き方がすべて悪いわけではありません。それは、つまり親と同じ生き方ですが、その中でも、自分がよいと思えるものは引き継いでいいのです。つまり、2020年は、伝統的な生き方のよい面も、悪い面も浮かび上がり、新旧のスタンダードがぶつかる中、自分にとって必要なものを選び取るとき。人生の基盤となる土地、住まい、仕事、時には国までも、自分と家族にとってベストな答えをゼロベースから、すり合わせていきたいですね」

本当にそんな一年になったなあと感じています。

「ハートの声を聞きながら、人生を誰に預けることもなく、自分ごととして考える」とも書いたのですが、本当にこれからは、その姿勢が大切です。たとえ両親や夫であっても、自分の人生の舵取りを他者にまかせきりにしないことです。もちろん、そこでお互いに主張しすぎても、コロナ離婚になりかねません。大切なのは、たとえば、夫婦なら、夫婦にとっての最適解を見つけることですよね。自分のやりたいことや立場だけを主張し、ぶつけ合っているだけでは、いずれ別れが訪れます。家族の中で、一人だけの都合に合わせる時代ではないのです。

新型コロナウイルスの影響で大黒柱の収入が減ると、もう片方がパートタイムだったとしても、その収入のありがたみが増してくるはず。そうやって、お互いの立場がよりフェアに、力も対等になっていくことで、家事分担などの争いもなくなっ

ていくでしょう。それまでは通勤と会社での人間関係で疲れきっていった男性も、家にいる時間が長ければ、自然と家事を手伝うようになるはずです。

執着を手放し、
軽やかに未来へと進む

2020年も半ばを過ぎましたが、多くの人が自分の中に「執着」をもっているように見えます。星で言うと、それはやぎ座の変容の星・冥王星がもたらしているもの。執着は、現実を受け入れていないために起こります。現実化やルールの星・土星の教えに従い、現実を受け入れる。おうし座の天王星に従い、執着を手放すことで、軽やかな流れへと乗っていけます。
「執着」は、過去のよい時代への未練ということも多いですし、子ども時代の憧れだったからという理由で、適性のない仕事に執着していることも、理想の結婚の形、理想の子ども像、理想の親像に執着していることもあります。もし、このページを読んで、「そんな簡単に暮らしを変えられるわけがない」という思いが湧いてきたとしたら、それも今の暮らしへの「執着」かもしれません。でも、それらの「執着」は、私たちが宇宙にシンクロしながら進むための障害になっていることがほとんどです。同時に、それは、私たちが前に進まないことの言い訳にもなっています。星たちの動きも、時も止まることがないので、私たちは、時代の変化を受け入れなくてはなりません。それが幸せになるための最高の法則と言ってもいいのです。

新型コロナウイルスの影響で、変化を余儀なくされている方も大勢いますし、これからは日本も、生みの苦しみに突入することと思います。それでも、止まることはできない。時を後戻りさせることはできないのです。現実を受け入れ、見つめて、うまくいくはずもないこと、未来のないことは手放し、できることをひとつひとつ積み重ねながら、幸せの種を蒔く。そうやって日々を笑顔で生きていくことが今の私たちにできる最上のことです。

大人になって暮らしを変えるのは、やはり大変なこと。ずっと同じ職場で、家と職場の往復をしていたら、慣性の法則みたいなものが働いて、違う道へと進めなくなる。形状記憶のＹシャツみたいに、「自分はこう」というセルフイメージにがんじがらめになってしまうのです。でも、それは、他者からの期待でできていることがほとんど。いつも勧めるのは、初めから大きく変えようとせず、小さな行動から変えること。ランチに迷う人が人生を変える決断はできないから、一日ひとつでも新しいことをしてみる。行きつけのお店を作り、家と職場の二点の往復の毎日にそのお店を加えてみる。移住したいなら、「いつか」とぼんやり夢を見るのではなく、まず現地の情報を調べてみる。そうやって、停滞しがちな自分に活を入れ、いつも楽しくいられるようにする。やりたいことを少しずつでも現実に近づけていく姿勢が、大人になると、本当に大切だなと思います。20代までは与えられたものを楽しみ、消費していればよかったけれど、30代も半ばを過ぎたら、待っていても、誰も人生を変えてくれません。マニュアルはないからこそ、変わる方法は、自分で試しながら、見つけていくしかないのです。

COLUMN

「相性のいい星座を教えてください」の話

男性から見た女性の好み、女性から見た男性の好み。多くの人が占いに求めるのが相性です。

生まれたときの太陽系の惑星の配置によって、一人一人に太陽星座、月星座など10の天体と星座がある中で、恋愛の好みを表すのは、愛と美を司る金星とされています。これは、とても生理的なもので、男性から見た女性の好みは、金星一択と言ってもいいくらい。逆に言えば、金星星座は12あり、年によって、多少の偏りはありますが、どんなにモテないと思っている女性でも、自分のことが好みの男性はこの世には存在しているのです。

でも、これは、恋愛の話。結婚となると、金星ではなく、月を求める男性も多くなります。たとえば、金星がいて座にあり、月がやぎ座にある男性がいるとしましょう。いて座の金星らしい自由奔放な恋愛、おもしろくて活動的な女性が好きだったのに、結婚となると、古風で働き者の女性を選んだりします。活動的な女性と結婚しても、無意識のうちに自分のもつ理想の妻であるやぎ座の月の性質に相手を当てはめようとするかもしれません。すると、「モラハラ」と言われたりするわけです。

それでも、男性の場合は、女性の好みは、ほぼ金星か月に現れるので、とてもシンプルですが、女性のホロスコープになると、実にいろいろなものを男性に投影します。なりたい自分、理想像である太陽の性質を男性に投影したり、父親や教師を投影して、土星的な男性と付き合ったり、金星を投影して、可愛らしい年下の男の子に夢中になったり。よく「相性の合う男性はどの星座ですか？」と聞かれるのですが、このように、女性は、いろいろなものを男性に求める傾向があるので、とても答えづらい質問です。

それに、「相性の合う男性の星座」や「相手の金星の星座」に合わせていくのはナンセンスだとも思うのです。結婚がすべてとはちっとも思いませんが、もし自分に合う人を探しているなら、相手に合わせたり、世の中のモテ像に合わせたりするのは今すぐやめてほしい。女性誌のモテファッションなどに合わせていると、せっかくの自分だけの魅力が外に現れてこないからです。

また、CHAPTER 5の「星が教えてくれる人付き合いのヒント」では、太陽星座同士の相性をご紹介していますが、太陽が教えてくれるのは、お互いの価値観。もしそこでの相性が今ひとつだとしても、月星座同士、金星星座同士、あるいは月星座と金星星座の相性を見ていけば、よい部分もあるはずです。がっかりしないでくださいね。

CHAPTER 5

気になるあの人、パートナーの星座から読んで！

星が教えてくれる人付き合いのヒント

みんなが知っている12星座占いは、集団の中で、その星座の人がどんな存在でありたいのかを教えてくれます。「困った人」になるときは、その人の太陽がきっと満たされていないのです。星座ごとの違いをよくよく知ると、目の前のあの人の言動に一喜一憂することなく、自分とその人を俯瞰できるように。付き合いのモヤモヤはなくなるはずです。

星を知ると、人間関係の悩みを俯瞰できる

学生時代なら、雑誌の星占いは好きな男の子との相性を見るくらいでも、LEE読者世代の人間関係はもっと複雑です。両親の娘として、会社勤めなら組織の一員として。結婚すれば、妻、母、嫁と他者をサポートする存在として。求められる顔も多様になり、それとともに人間関係の悩みも増えていくもの。

でも、星占いのベースにある占星術を理解すると、人間関係の悩みが消えていくことが多いのです。なぜなら、どうしても好きになれないあの人、訳のわからないことを言ってくるあの人が自分とはまったく違う価値観をもち、違うリズムで日々を過ごしていることが腑に落ちるからだと思います。そして、目の前の出来ごと、意地悪な言葉に一喜一憂することなく、もう少し上の次元から自分とその人を俯瞰できるようになるはずです。

大切なのは、普段の仲よしとは違う人たちとも付き合い、視野を広げること。人を知ることは、自分を知ることです。「私なら、絶対こんなことはしないけど、この人はするんだ」というように、苦手な人との違いから、自分らしさが明確になり、しなやかかつ揺らがない自分軸を手に入れられるはず。

パートナーシップでも、
星を知ると理解が深まる

もうひとつ、LEE世代の人間関係で欠かせないのは、パートナーとの関係です。相手がしっかりと自分を受け止めて、わがままも悩みも聞いてくれる。普段のふるまいも、仕事ぶりも理想どおり。結婚前と少しも変わらない。そんな夢のようなお相手は、そうそういないもの。誰もが自分の理想とはちょっと違う現実のパートナーに対し、時にイライラしながら、それでも、かけがえのない、人生をともに歩む人として、本気で関わっているのではないでしょうか。そんなときにも、実は、占星術は役立ってくれます。相手が訳のわからない言動をしているように見えるときも、実は、異星人でも何でもない、相手なりの理由があって、そんな行動をしていると教えてくれます。

2014年から2016年頃は、個人セッションをしていても、主導権争いをしているご夫婦のご相談が多かったものでした。それを見ていて気づいたのは、各々が自分の都合ややりたいことを優先しようとしていると揉めるのです。夫婦であるにもかかわらず、自分の有利になるように事を運ぼうとする人が目立ち、するともう片方はそれに反発するので、争いになっていたのです。

でも、今後は、自分の生き方を相手に押しつけない、自分の理想どおりに相手に動いてもらおうとしない姿勢が重要に。パートナーシップにおいて、主導権争いから離れて、自分と相手の個性を尊重することが欠かせないでしょう。

これは、親子でも、上司と部下でも、仕事相手でも同じこと。相手を自分の所有物や目下のように扱わず、話を聞いたうえで、自分の考えを伝える姿勢が必要になるでしょう。それが対等の本当の意味なのです。

家族の形も、男性と女性がセックスで結びつくとも限らなくなります。子を産み育て、血をつなげるという「家」意識は、いよいよ薄らいでいきそう。少子化によって、子ども自体が貴重なものとなれば、コミュニティ全体で育てようという意識も今よりもっと強くなるでしょう。

血縁や婚姻で相手を縛るという発想自体も薄らぎ、離婚もさらに増えてくるので、大切なのは、個人の生き方になります。夫や子どもをアイデンティティにしていると、その生き方には不安がついてまわります。自分で、自分の人生を決められる自由をもっているかどうかで、人生の生きやすさは、まったく変わってくるはずです。

人はみんな自分の太陽星座を生きているとき、「自分らしさ」を感じます。集団の中ではその星座の人の得意なこと、つまり、「株を奪わない」ように心がけましょう。そして、その人が太陽を自然と生きられるような場を用意し、「華をもたせてあげる」こと。もちろん、境界線を越えてくる人とは距離を置いていいのですが、それらを心がけるだけでも、人付き合いは、うまく循環していくはずです。

おひつじ座生まれの人と うまく付き合うには？

Aries 3.21 - 4.19

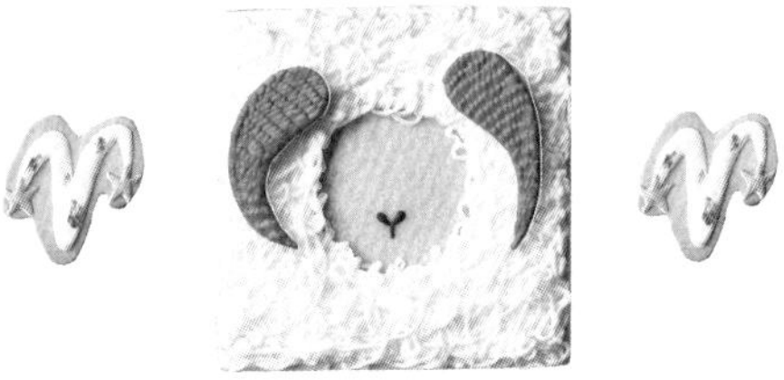

おひつじ座は、身体のパーツで象徴するのが「頭」であるように、集団では自分が言い出しっぺに。アイデアを出す立場になるのを好みます。デザイナーやクリエイターにおひつじ座が多いのも、きっとそのため。新聞記者のように刺激が多く、動きまわる仕事も適性があります。ただ、おひつじ座のアイデアは時代を先取りしすぎて、他の人には通じないことも多いので、一人でアイデアを実行できる立場を選ぶこともよくあります。イメージは、個人事業主や一人社長。インテリアショップやカフェ、居酒屋さんのオーナーかもしれません。「これからは、こんなものがいい」「こんなことがやりたい」と思ったら、すぐに行動できる人です。アイデアから、行動に至るまでの時間が短いのも特徴です。

ただ、仕事上のパートナーとしては、ちょっと厄介に感じることも。まさに、「上司は、思いつきで物を言う」ことになりそうだからです。おひつじ座の上司やクライアントからは、１時間ごとに違う指示が飛んでくるかもしれません。おひつじ座の人の才能をあなたがリスペクトできるかどうかがカギになります。

また、おひつじ座の人は一人で遊ぶのを好みます。自分の遊びに他の人がついてきてくれるにはいいのですが、二人で遊びの内容を決めるとか、二人の都合をすり合わせるといった発想はあまりありません。その意味では永遠のガキ大将タイプ。子どものまま大人になったようなおひつじ座に対し、こちらが合わせてあげる姿勢があれば、きっと楽しい関係が築けるでしょう。どこまでも相手を受け入れてあげるようにして、否定しないことが欠かせません。

おひつじ座があなたの夫・パートナーだったら？

相談しないで、会社を辞めてきたなんてこともありそうなのがおひつじ座。アイデアいっぱいのおひつじ座をおもしろがり、その才能を認めてついていけるならいいのですが、時には自分が無視されているように感じ、さびしくなってしまうかも。おひつじ座の人とうまく付き合っていくには、「密接な人間関係では、相手のコンセンサスをとって動く必要がある」ことを納得してもらわないといけません。悪気はまったくないので、「何で、私に相談してくれないの⁉」などと感情をぶつけるのはおひつじ座には逆効果。絶対にやってはいけないことです。

おひつじ座の夫・パートナーとあなたの星座の相性は?

×おひつじ座のあなた

二人とも直観がすべて。バイタリティと勢いで進むカップルです。出会った日に結婚を決めたり、突然のひらめきで海外移住をしたりして周囲を驚かすこともありそう。その分、失敗やけんかも多くなりそうですが、他者の視線を気にしないポジティヴさが魅力。苦境にあっても、手を差し伸べてくれる友人にも恵まれそうです。

×おうし座のあなた

堅実で、安定志向のあなたと、ドラマティックな人生を望み、冒険と刺激を好む彼。恋愛中は、無邪気な彼を許せても、「会社を辞めて起業したい」などと言われると、ついていけないこともありそう。結婚後は、二人の価値観のズレの修正が必要かもしれません。逆に言うと、彼が相手なら、苦労してもいいと思えるならOKです。

×ふたご座のあなた

社交的で人付き合いも多いふたご座のあなたにとって、おひつじ座の彼は、干渉せずに放っておいてくれるうれしい相手。どこか友達同士のようなカップルです。彼は彼で、仕事も趣味も、やりたいことがたくさんあるので、普段は、別々に動いていて、必要なときだけ一緒に過ごすといった別居婚も向いていそうです。

×かに座のあなた

無邪気で明るく、いつも楽しい彼ですが、あなたに対しては、ちょっと亭主関白の傾向がありそうです。かに座の妻がまめまめしく家庭を守ってくれることに甘えて、自分は好きな趣味ばかりということも。言わないとわからない(むしろ言っても、聞いていない)タイプなので、不満は、根気よく伝えるしかなさそうです。

×しし座のあなた

おひつじ座も、しし座も火のエレメントの星座なので、どちらも直観型です。二人でいると、今後やりたいアイデアが湯水のように湧いてきますが、現実化はちょっと苦手かもしれません。それでも、お酒でも飲みながら、「将来は、二人でお店をやりたいね」などと、夢や希望を語らう時間に、このうえない幸せを感じられそう。

×おとめ座のあなた

どんなことでも事前に準備したい、完璧志向のあなたと、直観的で体当たり派の彼。意見が合わないことも多いはずですが、失敗してもケロリとしている彼から学べることも多いはず。考えずに突っ走りすぎる彼を、考えすぎくらいに慎重なあなたがフォローするなど、お互いの欠点を補い合えれば、よい関係を作れるはず。

×てんびん座のあなた

自分のやりたいことより、人に期待されたことをやるほうが得意なてんびん座。対して、おひつじ座の彼は、自分のやりたいことをするのが好きなので、正反対の性質のもち主です。あなたが彼の一番のファンになり、どんなわがままも叶えてあげることで、これ以上ないおしどり夫婦に。夫唱婦随のかがみとなれるかも。

×さそり座のあなた

深くつき詰めて、細部まで準備したいさそり座と、直観ですぐに動くおひつじ座。性質はまったく違いますが、どちらも一人好きで、マイペースなのは共通点。それぞれに自分の仕事やライフスタイルをしっかりもつことで、双方が輝けるでしょう。彼はアウトドア派、あなたはインドア派なので、共通の趣味を作るといいでしょう。

×いて座のあなた

おひつじ座も、いて座も、どちらも火のエレメントの星座。世間体より、自分のやりたいことに正直なのは共通しています。でも、いて座のあなたのほうが上昇志向は強めなので、そんなあなたに引っぱられるように、二人でさまざまな挑戦を繰り返す人生が待っていそう。おひつじ座の彼の転職も多くなりそうです。

×やぎ座のあなた

努力家のやぎ座のあなたのことをリスペクトし、信頼しながらも、いたずらっ子のような彼。実は、その「正しさ」に反発しているかもしれません。特に、2019年春くらいまではそれでけんかになることも多かったかも。「こうすべき」という先生のような態度で接するのをやめると、彼も自然体で接してくれそう。

×みずがめ座のあなた

男女平等意識が強い反面、自分が納得した役割なら、平等に負担をシェアし、協力し合いたいあなたに対し、彼は、よくも悪くも独立独歩の人。お互い好きにやろうという感じで、たとえば、お財布も夫婦別であるなど、彼が別行動をとりたがるのが悩みの様子。家を買うといった同じ目的をもつことが大切かもしれません。

×うお座のあなた

豊かな母性をもつうお座にとっては、おひつじ座の彼は、息子のように気にかかる存在です。いつも自分の好きなようにしかしない無邪気な彼のことが心配でハラハラしつつも、彼のチャレンジを背後から見守り、フォローする。そんな母子のようなカップルに。彼はきっとあなたのことが大好きで、内心頼りにしているはずです。

おうし座生まれの人とうまく付き合うには？

Taurus 4.20 - 5.20

愛と美の星・金星が守護するおうし座の人は、「心地よさ」を好み、好き嫌いがハッキリしているのが特徴です。お気に入りの物や人への愛着が強いので、おうし座さんから誘ってくれる分にはきっとあなたは、大切な存在でしょう。食いしん坊なおうし座さんとおいしいものを食べに行くなど、楽しい時間が過ごせそうです。与える性質ももつので、これ以上ないというくらい、たくさんのことをしてくれます。好きなら連絡が来るし、嫌いなら来ないというように裏表もないので、あまり気を遣わなくてもいいかもしれません。

もしおうし座との人間関係に悩むとしたら、こちらへの愛が過剰なときです。おうし座の愛は大きいのですが、同じだけの愛を返さないといけないからです。ぬいぐるみのように、相手を抱きしめていたいタイプなので、お互いに既婚の女友達でも、いつも一緒にいようとすることも。断らせない、引き下がらない強引さに音を上げてしまうかも。

愛されるのも大変ですが、万一、おうし座から嫌われると、それも大変です。好きになるにも理由がないけれど、嫌いになるにも客観的な理由がないので、「どうして嫌われたんだろう」といくら考えても、理由がわからないなんて場合も。

おうし座の人はまた、ちょっと、ちゃっかり者。お付き合いにメリットがあることを好みます。「この人は料理家だから、ミシュランのレストランが予約できる」とか、「医者だから、何かのときに相談できる」とか、内心、「見返り」を考えていることも。おうし座の人に激しく好かれたら、あなたには確かな価値があるということ。自信をもちましょう！

おうし座があなたの夫・パートナーだったら？

「おうし座の愛情には見返りが必要」と言うと聞こえが悪いけれど、おうし座があなたのパートナーだったら、好意を受け取りっぱなしにしないことが大切です。記念日にご馳走してくれたら、次の機会には必ず自分がご馳走する。誕生日プレゼントをもらったら、自分も贈るなど、抜けがないように気をつけて。もちろん普段から、「何時に帰る」などのメッセージを送ったり、週末を一緒に過ごしたりも当たり前。おうし座の求める愛情表現はとても高いレベルですが、それを満たしてあげられるかどうかが、よいパートナーシップのカギとなるのです。

おうし座の夫・パートナーとあなたの星座の相性は？

× おひつじ座のあなた

率直でストレートなあなたに対し、彼は穏やかでやさしく、安定志向のはず。しっかりと稼いでくれる彼の隣で、自分は好きなことをしている、そんなカップルとなりそう。ただ、何があるかわからない不安定な時代。彼が窮地に陥ったときにはあなたががんばり、助けてあげられるかどうかで、夫婦の真価が問われそうです。

× おうし座のあなた

おうし座同士のパートナー。物質的な豊かさを大切に、安定した暮らしを望む二人は、人生に求めるものが一致しています。ただ、おうし座には自立や変革の星・天王星が来ていることから、価値観を変えつつあるはず。お金で買えないもののありがたさにも気づいて感謝できると、さらに運はよくなっていきそうです。

× ふたご座のあなた

安定して稼いでくれて、いつも一緒にいてくれるおうし座の彼。頼りにしている反面、つい甘えが出てしまい、彼をないがしろにしてしまうことがありませんか。自立や変革の星・天王星の影響で、ハードな状況にある彼。彼の包容力や忍耐力をもっと認めること。たくさん誉めて感謝すると、さらにがんばってくれそう。

× かに座のあなた

穏やかで堅実派のおうし座の彼と、家庭的で母性の強いかに座のあなたは、友人たちの間でも、仲よしカップルとして有名かもしれません。二人ともおいしいものが大好きなので、食事に出かけたり、ホームパーティを開いたり、人生の楽しみ方も似ています。老後も、二人で仲よくベンチで日向ぼっこをしているはずです。

× しし座のあなた

お茶目だけれど、実生活では不器用なところもあるあなた。外からは、そんなあなたをおうし座の彼が温かく見守っているように見えます。でも、本当は、意外と小心者なところのある彼をしし座のあなたが支えているのかもしれません。衝突があっても、その実、彼は、あなたの温かさや包容力を心から頼りにしているはず。

× おとめ座のあなた

おうし座の彼とおとめ座のあなた。どちらも土のエレメントの星座で、普段のコミュニケーションは完璧。ただ、彼があなたを頼りにして、面倒なことを全部押しつけてくるとストレスに。神経質なあなたは耐えられなくなりそうなので、彼がちょっとわがままなふるまいを始めたら、早めに話し合いをするようにして。

× てんびん座のあなた

おうし座の彼は、食いしん坊でナチュラルな感覚派、てんびん座のあなたはスタイリッシュで、グッドルッキングなものが好き。センスの方向性は違うものの、ファッションやライフスタイルに強いこだわりがあるのは一致します。衣食住全般にわたって二人のセンスの「違い」を楽しめると、とてもよいカップルになりそう。

× さそり座のあなた

おうし座も、さそり座もどちらも愛情深く、長く一人を愛し続けるタイプです。ただ、与えられることに慣れている彼は、献身的なあなたに甘えて、調子に乗ることもないではなさそう。いつのまにか、家のことは、何もかもあなたがやってあげないといけなくなるかも。新婚時から、トレーニングが必要。

× いて座のあなた

「変わらない」ことに魅力を感じる、現状維持が好きなおうし座の彼と、常に変化を求めるあなたでは、すれ違いが生まれやすい相性です。とは言え、彼が錨となって、あなたを支えてくれる間はよい関係だったはずですが、ここ数年は、彼の状況にも変化が。今後は、あなたが彼をフォローする番かもしれません。

× やぎ座のあなた

どちらも土のエレメントの星座なので、もともとは、好相性です。ただ、やぎ座には変容の星・冥王星、おうし座には自立や変革の星・天王星が滞在中。外惑星の影響を強く受ける中で、お互い、主張が強くなりすぎる傾向がありそう。相手の考えや言葉にもっと耳を傾けて。時には自分を曲げて、相手の話に耳を傾けたいですね。

× みずがめ座のあなた

基本的にはのんびり屋のおうし座の彼。重要なこと以外は、家庭での主導権は、あなたにまかせてくれそうです。ただ、女性が仕事で活躍することにも賛成しつつ、頭でだけ理解している様子。家事は、女性がするものという考え方がなかなか抜けないため、家事の大部分をあなたが担うことにならないように話し合いをしっかり。

× うお座のあなた

食いしん坊で、お酒好き。晩酌をしながら夜明かししそうな、仲よしの二人。ただ、今は、うお座には境界をなくす星・海王星、おうし座には自立や変革の星・天王星が滞在しているので、二人とも人生に逆風を感じているかも。そのため、大変なことが多いかもしれませんが、助け合い、支え合いながら、仲よくやっていけそう。

ふたご座生まれの人とうまく付き合うには？

Gemini 5.21 - 6.21

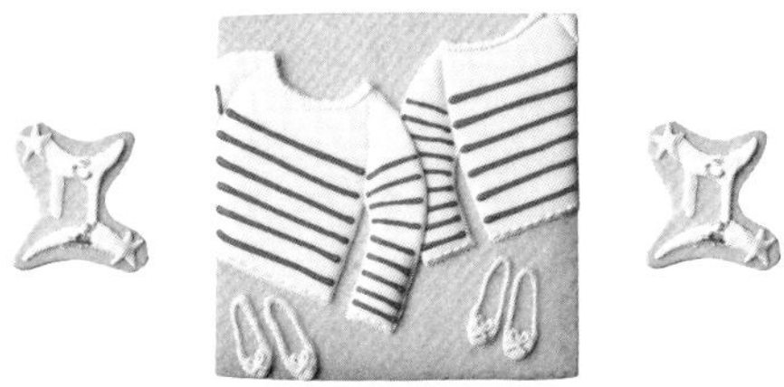

ふたご座は、生まれついてのディレクターであり、ニュースキャスター。自分のコミュニティの中では自分が指示を出す係だと思っている節があります。実際、頭の回転も速いので、世代を問わず、「今日はこうする、ああする」と号令をかけて、それに人が黙ってついてくるのを好みます。ニュースやトレンドを伝えるのも自分だ、というのもふたご座の人が無意識に思い込んでいること。指示を出すときと同じように、ニュースを話して、それで人が動き、何か反響が起こる。そんな風に時流を作っていくことに、たまらなく魅力を感じているのです。

ふたご座の人と会うときには、相手がニュース番組のリポーターで、自分は取材をされているくらいの気持ちでいたほうがいいかもしれません。会話の口火を切り、場を仕切るのは自分だという気持ちもふたご座の中にはあるからです。興味をもったテーマだと、矢継ぎ早に質問されるかもしれませんが、それは、その人が今、欲しい情報をあなたがもっているということ。隠さず、オープンに話すことで、きっと信用してくれます。相手が上司なら、なおさらです。

ただ、ふたご座の人はオフェンスはいいけれど、デフェンスに弱い。あんなにおしゃべりなのに、本当の自分は見せたくないところが。インタビューを受ける側になると、無口になり、わざとはぐらかすことも。根掘り葉掘り聞きすぎると、うまくいっていた関係が暗転することもあるので、注意が必要です。心の中に深く入り込みすぎてもいけないのですね。同時に、ふたご座よりもトレンドに詳しいなどと思われるとライバル視されることも。一気に関係を詰めることなく、ほどよい距離感に配慮してお付き合いを。

ふたご座があなたの夫・パートナーだったら？

ふたご座のパートナーとうまく付き合うには相手を立てて、頼ること。特に情報に関しては、「あなたが一番知っている」という態度を忘れずに。たとえば、「会社の送別会でどこに行くのがいいだろう」「大切な人が遠方から来るので、どんなレストランがいいかな」などと話したら、きっとコンシェルジュのように、他の人があまり知らない情報を教えてくれるはずです。でも、ふたご座のパートナーにはうかつに噂話をしてはいけません！ 「誰にも言わないでね」と言ったところで、そのニュースはものすごいパワーで拡散していくはずですから。

ふたご座の夫・パートナーとあなたの星座の相性は？

×おひつじ座のあなた

「自分は自分」とアイデンティティの明確なおひつじ座のあなたに、ふたご座の夫がひょうひょうと合わせてくれる友達カップル。外では仕切り屋の彼も、家庭ではあなたを優先。家庭の主導権はあなたにありそう。ただ、勝手が過ぎると、彼の堪忍袋の緒が突然、切れてしまうかも。走り出す前に彼の同意を取りつけましょう。

×おうし座のあなた

ディレクター気質のふたご座の彼は、のんびり屋のあなたにガミガミ言いがち。また、おうし座のあなたももともと言葉が少ないタイプ。そんな彼の態度に不満があったとしても、「どうせ、わかってくれない」とため込んでしまうところがありそうです。お互いの性格の違いを知って、相手を受け入れる余裕をもちたいですね。

×ふたご座のあなた

話好きで、頭の回転がよいふたご座同士の二人。学生時代に出会い、初めは友達だったけれど、長い付き合いを経てゴールインなんてストーリーがイメージできます。それぞれに友達が多く、常に新しい刺激を求めているので、外に自分の世界もしっかりあり、夜だけ顔を合わせるといった、大人同士の付き合いになりそうです。

×かに座のあなた

家が好きで、家のことは何でも自分で決めたいかに座のあなたと、細かいことまで、あれこれ指示を出す癖がある彼。キッチンまわりはあなた、車のことは彼というように、お互いのテリトリーを決めること。お互いのもち分には口を出さないことが家庭内の平和を保つ秘訣です。そうでないと、けんかではあなたも感情的に。

×しし座のあなた

結婚後も、めいめいが好きなことをしながらも、実は、信頼し合っている友達カップル。恋人らしい雰囲気は早々に消えても、深いところでつながっている。そんな強い絆が感じられます。好きなことを言い合っても、お互いに恨んだりもしないし、すぐ忘れるところがあるので、たとえ離婚しても、よい関係でいられるはず。

×おとめ座のあなた

ともに思考や伝達の星・水星が守護する、知的なカップル。ただ、ふたご座の彼は自由人。その場の思いつきでいろいろなアイデアを言い出します。そんな風に行き当たりばったりのところがある彼と、事前準備を完璧にしたいおとめ座のあなたでは、ペースが合わない予感が。あなたが大人になり、包み込んで。

×てんびん座のあなた

「理性」を表す風のエレメントの星座同士で、ともにメディアからの情報を参考にするタイプ。特に、彼は電化製品を買うのでも、機能について調べ尽くさないと気が済まないはずです。デザイン重視のあなたとスペック重視の彼ではショッピングには時間がかかりそう。二人が気に入るものが見つかるまで数ヶ月ということも!?

×さそり座のあなた

ふたご座の彼自身は、深めることを嫌い、広く、浅く、客観的な情報を集めようとします。でも、彼は、さそり座のあなたのマニアックなまでのひとつのことへの傾倒ぶりを尊敬している様子。新しいことは何でも好きなので、あなたの提案も聞いてくれますし、普段の生活ではあなたが主導権を握るところが出てきそう。

×いて座のあなた

二人とも束縛が何より嫌いなタイプ。結婚後もしばらくは、別居婚や週末婚でもかまわないくらいかも。ふたご座の彼は、現実のルールに詳しく、いて座のあなたは、もう少し哲学的という違いはあれど、お互いの違いを尊重できると、ともに成長できるでしょう。それぞれの世界を大事にしながら、つながれそうです。

×やぎ座のあなた

人生の根本的な価値観は合うものの、性格や表現方法がかなり違う二人。初めは、その違いが新鮮に感じられ、強烈に惹かれ合いそう。でも、結婚後も毎夜、飲みに行ったり、週末も自分の興味のおもむくままに過ごしたり、自由人の彼。家のことは、あなたがワンオペでまわすことになるかも。ヘルプを出すときは早めに。

×みずがめ座のあなた

ふたご座も、みずがめ座も、風のエレメントの星座。どちらも理性的で、情報収集が上手。時流を取り入れながら、ともに理想の暮らしを作っていける相手です。ふたご座の彼は流行や情報に影響されやすいところがあるので、イクメンを取り上げた記事などをさりげなく見せると、自分からいそいそと動いてくれそうです。

×うお座のあなた

生まれつき、おしゃべりなふたご座の彼と、普段は聞き役で、たまにボソッといいことを言うような、うお座のあなた。タイプはまったく違うものの、二人とも「人助けをしよう」というやさしさがある人情家なので、周囲には人がいっぱいいるでしょう。二人でドネーションやボランティアをするのもよさそうです。

かに座生まれの人と
うまく付き合うには？

Cancer 6.22 - 7.22

常に顔を合わせている家族や同僚について心配し、かいがいしく世話を焼くのがかに座の人。その様子は、ヒナに餌をあげる母鳥のよう。自分のことは後まわしにしてでも、みんなの幸せを考えることがきっと生きがいでもあるのです。

たとえば、義理の両親のどちらかがかに座だったら？　遊びに行くと、心地よいインテリアのもと、たくさんの料理をふるまってくれたり、子どもを預かって完璧に世話してくれたり、これ以上ないくらい親切にしてもらえるでしょう。ただ、その「家族のことを最優先にする」かに座ならではの姿勢には、人によっては疲れてしまうかも。というのは、かに座は、その姿勢をこちらにも求めてくることがあるからです。家族への思いゆえに、二人目を催促されるなど、パーソナルスペースを侵されたら、なおさらです。こんなにいい人で、こんなによくしてくれるのだから文句を言ってはいけない。でも、遠慮がなさすぎる……そんな悩みを抱えてしまうかも。

「なんとなく苦手だな」という思いから、連絡が間遠になると、かに座の人にとっては逆効果。むしろ連絡が増えてしまうかも。たとえば、金曜日には必ず電話やメッセージをするというように、ルールを決めて、お付き合いしてみて。あなたが嫌がっているわけではないと知ると、安心してくれるはずです。

職場でも同様。かに座の人は、職場のお母さん、お父さんのようになっている場合が多いからです。悩みごとを話したり、時には飲みに連れていってもらったり、きちんと腹を見せて、家族のように付き合うことが欠かせない相手です。

かに座があなたの夫・パートナーだったら？

かに座のパートナーが男性となると、群れのリーダーとして、俺さま的にふるまう人もいます。情に厚くて家族思いなのに、常に力を誇示してしまいがちなところがあるのです。もし、それにちょっと圧迫感を覚えるなら、親密な態度が苦手な人もいること、いくら家族でも、パーソナルスペースは必要なことを理解してもらいましょう。とは言え、家庭の中のこと、料理や大工仕事が得意な人も多いので、家事のあれこれを「あなたのほうが上手だから」などと頼ってやってもらうとお互い、満足度が上がりそう。家庭優先のよいパパになってくれるはず。

かに座の夫・パートナーとあなたの星座の相性は？

×おひつじ座のあなた

結婚後も、自分らしくありたいおひつじ座のあなたに対し、かに座の彼は保守的なところが。「家庭を仕切るのは自分だ」という強い気持ちがあるので、あなたにもピンで動かず、家族を優先する良妻賢母を期待しそう。時と場合によっては、その期待が重荷にも。彼の理想の家庭像と現実の家庭のバランスを話し合って。

×おうし座のあなた

かに座も、おうし座もどちらも食いしん坊。でも、どちらもおっとりとしたところがあって、人生にガツガツしていないので、人生をともに歩むときにストレスがない相手でしょう。「家庭」を大切にしたい彼は、群れのリーダーでいたいので、家長として立ててあげると、喜んで家族のために働いてくれるはず。

×ふたご座のあなた

頭の回転がよすぎて、他の人に仕切りをまかせられないふたご座のあなたと、群れのリーダーになりたいかに座の彼。恋人時代の相性は悪くないのですが、結婚後はぶつかることも。お互いの癖やされたら嫌なことを飲み込み、空気を読みつつ、付き合うこと。むしろ家では彼に主導権を渡してしまうほうが楽かもしれません。

×かに座のあなた

二人とも、「家族」を大切にするのが共通点。そのため、普段は意思疎通しやすいものの、実家の問題などがあると、お互い身びいきになって、ぶつかることも。けんかになったときは感情的にならず、客観性を大切にして。自分たちが熱くなっていても、他人から見たら、「夫婦げんかは犬も食わない」レベルかも。

×しし座のあなた

「なんとかなる！」が口ぐせのしし座のあなたと心配性のかに座の彼では水と油。補い合えればいいのですが、そうでないと、あなたが突っ走りたいときは彼が制止。逆に、彼の心配はあなたが笑い飛ばし、気を悪くさせることも。でも、彼の不安をあなたのおおらかさが温めているのもまた確か。愛情があれば、大丈夫です。

×おとめ座のあなた

ともに親切で、面倒見がよく、友人や家族から頼りにされそうなカップル。恋人同士のような甘さはないですが、相棒として、生活を作っていくにはよい相性です。ただ二人とも記憶力がよすぎるので、けんかでは過去の話をもち出さないこと。二人とも意外に毒舌なので、舌戦になると禍根を残すことにもなりかねません。

×てんびん座のあなた

「家族のリーダーは自分」という意識が強いかに座の彼。家庭を美しく整え、いつ誰が来ても、にこやかに迎えてくれるホステス役をあなたに期待し、家庭のことをすべてあなたに頼る傾向がありそうです。家族の調和を第一に考え、事を荒立てたがらないてんびん座のあなたですが、時にはしっかりとノーを言うことも大切。

×さそり座のあなた

ともに感情を表す水のエレメントの星座なので、感動したり、共感したりするポイントが似ていて、相性自体は悪くありません。ただ、精神的には心配性のかに座の彼がさそり座のあなたを頼ってくるところが。だんだんに姉弟のような関係になることも。どっしりと構え、彼を見守る姿勢が欠かせない相手です。

×いて座のあなた

常に成長や変化を望むいて座のあなたと、家庭優先のかに座の彼。好きなものも違いますが、あなたがキャンプにハマると、彼もそれに影響されてアウトドア派になるというように、彼には変化する素直さがあります。影響を受けるのを彼も楽しんでいる様子。さまざまなアイデアを出して、彼を家から引っぱり出しましょう。

×やぎ座のあなた

かに座の彼は、割と保守的。奥さんには家庭を守ってほしいタイプが大半。でも、やぎ座のあなたは社会貢献や地域活性のための活動をしたいとなると、「家庭のことを完璧にやってからにしてくれ」などと言われてしまうかも。スーパーウーマンのあなたなら大丈夫かもしれませんが、お互いの結婚観のすり合わせは必要。

×みずがめ座のあなた

家族第一のやさしい彼。みずがめ座のあなたと生活のペースは合うのですが、家長を気取り、あなたに指示出しをすることがあるのが玉にキズ。亭主関白の気配を出されると、あなたも反発し、けんかになってしまうかも。パーソナルスペースを尊重し、適度な距離感があれば、仲よくいられることをわかってもらいましょう。

×うお座のあなた

特に話し合わなくても、なんとなく同じことを考えている、そんな風に気の合う二人。ただ、その分、何でもわかり合えるような気分になって、大切なことを話し合わないでいると、すれ違いが大きな溝になることも。お互いのことはわかっていると思い込まないことが大切です。気持ちや考えを常に共有したいですね。

しし座生まれの人と うまく付き合うには？

Leo 7.23-8.22

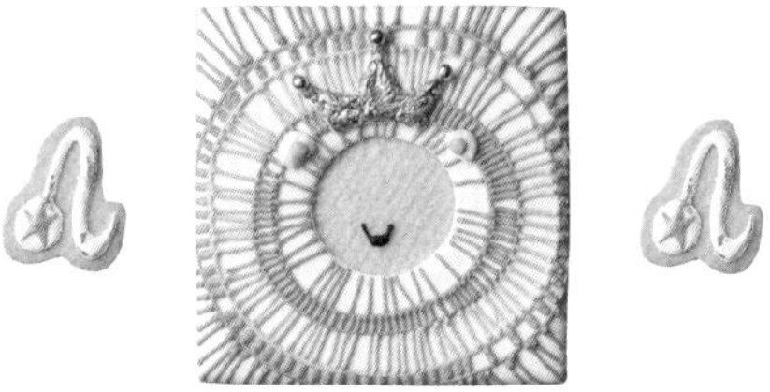

守護星の太陽のように、周囲を明るく照らす人気者。ただ、それは、しし座がやりたいことをできているときだけ。ドラマティックな人生を求めながらも、根はまじめなしし座の人は、退屈な義務にハマってしまうことが案外、多いからです。そうなると、もう大変。愚痴っぽくなったり、手がつけられないほど落ち込んだり。普段の明るさはどこへやら、太陽が隠れたようにジメジメしがち。

そんなアップダウンさえ飲み込んでしまえば、しし座は楽しい相手です。男性でも、女性でも、きっぷがよく、いつも明るくて、楽しいことばかり考えています。太陽のように公明正大でありたいと考え、ずるいことは嫌うので、上司としても、きっとこちらを守ってくれるでしょう。全員に平等に光を当ててあげようとしますし、職場全体がスムーズにまわるように、自ら動く人ばかりです。トラブルがあっても逃げることはなく、後始末に奔走します。

唯一、問題があるとしたら、狩りをするまではサバンナに寝そべっているライオンのように腰が重いこと。ギリギリまでやらない、返事をしない、動かないしし座の人を何人も知っています。でも、最終的にはものすごい馬力で間に合わせてくるのもわかるため、結局、周囲も何も言わなくなってしまうんですね。

しし座の周囲の人に必要なのは包容力。ドラマを求めて駆けずりまわり、泣いたり、笑ったり、怒ったりと忙しいしし座の人を温かく受け止める力が欠かせません。そして、「今、ここ」に生きるしし座に対し、催促をしても無駄と知りましょう。しし座の人は、その時が来るまで、狩りを始めないのです！

しし座があなたの夫・パートナーだったら？

パートナーがしし座の場合は、ふたつのタイプに分かれるでしょう。ひとつは、プライドが高いため、相手のルックスなどにもうるさいタイプ。もうひとつは、自分が無邪気な子どものようにありたいので、相手にお母さんを求めるタイプです。どちらにしても、最高の恋人か、最高のお母さんを求めてくるので、しし座と付き合うのは楽しい反面、要求についていくのが大変かもしれません。最高のものが自分にはふさわしいと心底、考えている節があるからです。それでも、しし座との笑いに満ちた生活は、あなたを太陽のように温めてくれるはず。

しし座の夫・パートナーとあなたの星座の相性は？

×おひつじ座のあなた

おひつじ座としし座は、どちらも火のエレメントの星座なので、インスピレーション重視。価値観が似ているので、お互いに楽な相手です。結婚後も二人で飲みに行ったり、アウトドアで遊んだり、楽しく過ごせそう。ただロマンティックな雰囲気は、早々に消えて、楽しい仲間のようなカップルになりそうです。

×おうし座のあなた

どんなことでも一番よいタイミングを待ってから、慎重に進めたいおうし座のあなたに対し、しし座の彼は直情型。突然の思いつきでもスタートを急ぎ、振りまわしてくる可能性が大きい相手。さまざまなアイデアを提案してくる、子どものような彼を無邪気で可愛らしいと思えるかどうかが結婚の行方を分けそうです。

×ふたご座のあなた

おもしろくて、気前がいいしし座の彼は、ふたご座のあなたにとってはある意味、理想の相手なのでは。あなたが落ち込んで、感情的な発言をしたとしても、笑って受け止めてくれるうえ、笑わせてくれる存在のはず。どこか兄妹のような安心感もあり、おしゃべりの絶えない、とても明るい夫婦になれそうです。

×かに座のあなた

明るく地域でも人気者のしし座の夫と、その彼を陰で支えるしっかり者の妻という構図になりやすい相性。彼は仲間と外で飲んだり、遊んだりする機会が多く、あなたは子どもと家を守るというように棲み分けることに。家が好きなあなたですが、もしストレスがたまったら、我慢しすぎずにガス抜きをすることが大切です。

×しし座のあなた

ともに、「創造的でありたい、自分らしくありたい」という思いがプライオリティのトップ。そのため、うまくいっているときは最高に楽しい関係ですが、ストレス耐性は低めです。人生には波もあるもの。バイオリズムの波が下がるタイミングも似ているので、つらいときも支え合い、相手を思いやることが必要に。

×おとめ座のあなた

どこに行っても友達ができて、お酒が大好きなしし座の彼と、本を読むなど自分だけの世界を大切にするおとめ座のあなたでは、趣味や交友関係は共有できないかも。でも、知的好奇心が旺盛なあなたを、実は、彼は尊敬しています。それぞれの世界を大切にしながら、助け合うのがいつまでも仲よくいる秘訣です。

×てんびん座のあなた

二人とも明るく華やか好き。恋人時代には連れ立って出かけた、たくさんの思い出があるはず。ただ出産後など、てんびん座のあなただけが家にいて、しし座の彼だけが外に遊びに出かけるようになるとすれ違いも。二人でのデートの時間をとったり、あなた一人の外出時間をとれるように協力してもらったりが大切です。

×さそり座のあなた

大勢の仲間がいて、誰からも好かれるしし座の彼は、自分の世界に引きこもりがちなさそり座のあなたにとっては憧れの相手かも。また、彼から見ても、家にあなたがいてくれるだけで、それが力になるような、そんな不思議な相性です。外では、それぞれが別の世界をもち、活躍することになるかもしれません。

×いて座のあなた

人を応援するのが大好きで、ポジティヴないて座と、無邪気かつ楽観的なしし座は、とてもよい組み合わせです。ただ、二人で話していると何でも可能な気がしてしまって、いきなりお店を開くとか、海外移住をするとか、冒険しすぎるきらいもありそう。実現性も考えながら、計画を進めるといいでしょう。

×やぎ座のあなた

人生にも生活にも無駄なことが嫌いで、良妻賢母タイプのあなたと、明るく、子どものようなしし座の彼。ただ、やぎ座のあなたがワンオペでがんばっているのに、彼だけ仲間と遊びに行く機会が重なるとけんかにもなりそうです。もし彼にイライラしたら、自分も遊びに行ったり、息抜きしたりすることが大事です。

×みずがめ座のあなた

明るく、いつも笑わせてくれて、時には黙って話を聞いてくれる。そんなしし座の彼のことをみずがめ座のあなたはきっと大好きなことでしょう。ただ、二人とも不動星座なので、ちょっと頑固な傾向が見られます。いったんこじれると修復が難しくなることも。自分が正しいと思っても、時には譲ることも必要です。

×うお座のあなた

心やさしいうお座のあなたと、明るくおもしろいしし座の彼。まったく違うキャラクターのようで、実は、涙もろく、情に厚いところがそっくり。困った人がいると放っておけず、自分を犠牲にしても助けてあげるような夫婦なので、周囲にも慕われ、人望がありそうです。「徳の貯金」がいつかきっと返ってくるはずです。

おとめ座生まれの人と うまく付き合うには?

Virgo 8.23-9.22

おとめ座の人は、そのまじめさや繊細さから、人から愛されやすい星座かもしれません。ひとつ前のしし座のような人気者ではないものの、人に誠実で、小さなことを気に病んだりする様子が不思議な好感を与える星座です。たとえば、おとめ座は、メールやメッセージの「既読スルー」がなかなかできません。メールが頻繁で、嫌だなと思う相手でも、つい返事をしてしまうため、関係が切れないこともあります。生きることに不器用な感じが世慣れた人たちに愛されるのかも。

ただ、おとめ座の人のメンタルは安定していて、怒りの沸点は高いのですが、いったん怒らせると、関係がもとに戻ることはありません。一種の潔癖さがあり、ルールを破る相手にも初めは誠実に対応するものの、あるとき我慢できなくなると、それで終わるのです。特に、思考や伝達の星・水星が守護するためか、言葉にはうるさいところが。心ない言葉をぶつけられたときに、心のシャッターが瞬く間に降りたりします。いつ悩みを相談しても、時間をとってくれる、誠実に返事を返してくれると甘えていると、ある日突然、「もう無理」と言われてしまうかも。

おとめ座の人は、自分の予定を乱されるのも嫌います。「人には誠実にお付き合いしなければ」と思っているので、初めはマナーとして対応するものの、おとめ座の人の「お断り」を無視して、自分の都合を押しつけていると、これまたシャッターが降りてしまうでしょう。遅刻やドタキャン、アポなし訪問には気をつけて。12星座の中で唯一、人間の大人の女性を割り当てられているだけに、接するときにも衿を正す姿勢が必要なのかも。こちらにマナーがないと、ばい菌でいっぱいの野獣でも見るような顔で遠ざかっていくでしょう!

おとめ座があなたの夫・パートナーだったら?

常識人でよく働くおとめ座は、生活のパートナーとしては最高の相手かもしれません。そんなおとめ座の最大の特徴として、〝分析好き〟が挙げられます。物でも、人でも、細かいところに気づきすぎる傾向があり、イチイチ自分の考えを述べないと気が済まないのです。おとめ座の分析を役に立つものとして受け入れられるか否か。それがおとめ座とのパートナーシップの可否を分けるはず。また、おとめ座の人が静かにしていたいときは邪魔をしないこと。考えごとをしたり、本を読んだりして、想像力の翼を広げる時間が必要な人なのです。

おとめ座の夫・パートナーとあなたの星座の相性は？

×おひつじ座のあなた

まじめで慎重なうえ、何ごともじっくりと準備をしたいおとめ座の彼に対し、やりたいことを思いつくまま、勢いで始めてしまい、それでもうまくいくおひつじ座のあなた。ペースがまったく違うので、常に一緒というよりも、必要なとき以外は、別行動が多くなるかも。お互いの世界をリスペクトする姿勢が欠かせません。

×おうし座のあなた

誠実で思いやりのあるおとめ座の男性。野心的なところもなく、どちらかと言えば、女性的なところがあります。会社で大出世するようなタイプではないけれど、黙々と働き、あなたのことだけを大切にしてくれるはず。食べ物や健康など生活についての趣味も合い、暮らしやすい相性と言えるでしょう。

×ふたご座のあなた

その場のインスピレーションでアイデアを思いつき、周囲に号令をかけたいふたご座のあなたと、しっかりと計画を立て、何週間も準備したいおとめ座とでは旅行やイベントの進め方ではぶつかりがち。少々口やかましいおとめ座に対し、どれだけ自分を抑えて、相手に合わせられるかがカギとなる相性です。

×かに座のあなた

繊細かつストイックなおとめ座の彼へのあなたの信頼度は抜群。二人で同じ本を読んだり、映画を見たり、自然の中を散策したり。休日の過ごし方などもしっくり合いそう。家庭菜園で野菜づくりなんていうのもよさそうです。結婚後も、家族というより、友人同士のような、落ち着いた関係を育める好相性です。

×しし座のあなた

体育会系で明るく、人気者のしし座のあなたと、文化系で、おとなしいタイプのおとめ座の彼との関係は、周囲から見るとギャップがあるかも。でも、実は、彼の不器用さまで含めて、そのまじめさがあなたには愛おしいはず。お互いの好きなことを生活に取り入れるようにすれば、おしどり夫婦として、長続きしそうです。

×おとめ座のあなた

環境問題に関心があったり、オーガニックな洗剤にこだわったり。おとめ座同士だと価値観を共有できるので、生活はとてもしやすい相手。ただ、言わないでもわかり合えることが多い分、気持ちをぶつけないのが難。相手の気持ちがわかりすぎるほどわかってしまい、つらいことがあっても言えなくなりそう。我慢しすぎないで。

×てんびん座のあなた

社交的なてんびん座のあなたに比べると、おとめ座の彼は実直で、内向的なところがあります。遊びや社交に費やす時間があれば、一人で本でも読んでいたいという彼に物足りなさを感じることもあるかもしれません。心が揺れることがあったら、彼の誠実さを思い出して。彼は、とても信頼できる人です。

×さそり座のあなた

おとめ座の彼とさそり座のあなた。お互いに尊敬し合い、打ち解けられる、何でも話し合える相性です。少し地味ではありますが、素朴なくらいピュアな彼は、あなたにとっては、心から信頼できる相手のはず。ただ、言葉がなくてもわかり合える分、甘えすぎてしまうと、彼の潔癖性が発動。関係が終わることもあります。

×いて座のあなた

いて座のあなたにとって、おとめ座の彼は、尊敬する相手。社会との関わり方や奉仕の精神、実務が得意なことなど、いつも助けてもらっている気がしているのでは。ただ、彼にとっても、自分を肯定してくれるうえ、いつもポジティヴなあなたは得難い相手。お互いにないものを補い合える、よい関係を作れるはずです。

×やぎ座のあなた

どちらも土のエレメントの星座なので、しっかりした人生を積み上げたいという価値観は同じ。ただ、やさしい彼にあなたが甘えたり、頼ったりしすぎると怒らせてしまうかも。実は、神経質な彼のパーソナルスペースを尊重して。自分の都合で振りまわしたり、仕事中にメッセージを送ったりは遠慮しましょう。

×みずがめ座のあなた

感性豊かなおとめ座の彼と、主張のハッキリしたみずがめ座のあなた。性格は違うけれど、二人とも合理的なので、普段の生活では協調しやすい相手。何でもよく話し合い、ひとつひとつ問題をクリアしていけそう。家事分担なども納得すればやってくれるので、お互いがなくてはならない相談役となるはず。

×うお座のあなた

うお座に滞在する守護星の海王星の影響もあり、他者との境界ややるべきこと、やらないことの判別が曖昧になりやすいあなた。対して、おとめ座の彼は境界をもって、精神的に自立してほしいと願っています。甘えすぎたりせず、お互いにやりたいことをやる。そうして、欠点を補い合えるとよいカップルに。

てんびん座生まれの人と うまく付き合うには？

Libra 9.23 - 10.23

一般に、てんびん座の人との人間関係に悩む人は少ないかも。と言うのも、てんびん座の人は、とてもこちらに気を遣ってくれるからです。そのため、てんびん座の人との付き合いで、すごく嫌な思いをするとかは考えづらいのです。

むしろ悩んでいるのは、てんびん座のその人かもしれません。「万人に愛される」なんて普通に考えると無理なことですが、愛と美の星・金星に守護されるてんびん座の人は、真剣にそう望み、嫌われないように努力します。それくらい愛されること、みんなが仲よくつながることへの想いが強いのです。実際、中間子として、家族の調整役をしていた人も多く見られます。

ただ、てんびん座の人とも仲が深まってくると、問題は出てくるかもしれません。何か思っている風なのに、言ってくれない。本当は、どうしたいのかがわからない。そんな風に感じることもありそうです。

ちょっと困るのは職場の上司や取引先のクライアントがてんびん座で、大きな権限を握っている場合。すべての可能性を考えるうえ、検討材料を前に、迷いそのものを楽しんでいることが。なかなか決断しない、優柔不断ぶりに振りまわされることもあるでしょう。デッドラインをリマインドし、認識してもらうように心がけましょう。また、てんびん座の部下には「何がしたいのか」とは聞かないこと。てんびん座の人は、相手の要求を受けて、それを美しく仕上げていくほうが得意。スタイリストさんのような星座なのです。

てんびん座があなたの夫・パートナーだったら？

美意識が高いのがてんびん座の特徴。ファッションやインテリアのセンスが高く、一緒に美しい暮らしを作り上げていくことができるでしょう。靴下や下着など、どれひとつとっても、てんびん座のお眼鏡に適わないものはない。そんなスタイリッシュな家になりそうです。ただ、穏やかでやさしく、怒ったりもしないてんびん座ですが、長い人生の中ではそれがデメリットになることも。出産の立ち会いのように、なまなましい経験は避ける傾向があるからです。問題にぶつかったとき、一緒に苦労することなく、自分の世界に逃げ込んでしまう可能性も。そんな踏み込みたくない彼をどうリアルな関係に引っぱり出すか、腕が問われます。

てんびん座の夫・パートナーとあなたの星座の相性は？

×おひつじ座のあなた

外では尋常でないほど人に気を遣うてんびん座の彼。おひつじ座のあなたを相手にするとリラックスできることから、言いたい放題になりやすい相性。あなたも負けていないはずです。そんな気のおけなさが二人の心地よさにもつながっているはずですが、相手に甘えすぎないこと。何もかもさらけ出すのはほどほどに。

×おうし座のあなた

おうし座のあなたも、てんびん座の彼も、愛と美の星・金星が守護する星座です。あなたは感覚を満たすもの、彼はバランスの美しいものに惹かれるので、センスは微妙に違いますが、美意識の高さと生活を楽しもうとする点が似通っています。ファッションやインテリアなど、ライフスタイルへのこだわりの強い夫婦になりそう。

×ふたご座のあなた

風のエレメントの星座同士の、さわやかカップル。ともに情報処理が得意で、空気を読むタイプなので、感情的なぶつかり合いの少ない、都会的でスタイリッシュな生活ができそう。強いて言えば、どちらも感情表現が苦手で、突っ込んだ話し合いをしないことがすれ違いの要因に。本音も話すことが大切かもしれません。

×かに座のあなた

家族と身近なコミュニティがあれば十分、満たされるかに座のあなたと、広く、浅く人間関係を築きたいてんびん座の彼。人生の価値観に多少、ズレがありますが、定期的にホームパーティを開くなど、家族の場と彼の友人との交流の場を共有するようにすると、お互い、あまりストレスがたまらずに過ごせそうです。

×しし座のあなた

二人とも社交的で、友達や知り合いが多いタイプ。もともと同じグループにいて、友達からカップルに昇格したのかもしれません。平日は仕事に全力投球しても、休日は、共通の友人家族と一緒に過ごす機会が多くなりそうです。みんなでキャンプやスポーツ観戦をするなど、楽しいイベントをたくさん企画して。

×おとめ座のあなた

何でも細かく調べて、白黒つけたいおとめ座のあなたに対し、てんびん座の彼は、優柔不断で先送りしやすいところが。義理の実家や子どもの学校について相談してものれんに腕押しで、答えが返ってこないのがストレスのもとかもしれません。毎月、一回、「家庭を運営するための」会議をするなど工夫が必要になりそう。

×てんびん座のあなた

二人とも「人からどう見られるか」を気にしたり、「人の期待」に応えようとしたり、いわゆる「いい子」タイプ。親からの期待にも敏感なので、二人の間で問題が起こるとしたら、義理の両親に関わることかも。親のほうを向いていると、夫や妻という自分のパートナーとはうまくいかないもの。自分たちの価値観を大切に。

×さそり座のあなた

さそり座のあなたが何かに一所懸命に取り組んでいるときも、てんびん座の彼は穏やかで、とってもマイペース。そんな姿にイラッとするときもあれば、変わらない姿勢に安心することもありそうです。でも、感情の振り幅があるあなたと違い、我慢強くサポートしてくれる彼のありがたさに感謝しているのでは。

×いて座のあなた

二人とも友達が多いタイプなので、付き合いの始まりは友情かもしれません。ただ、人の顔を見て安心したいてんびん座と違い、いて座のあなたは、一人の時間も必要なタイプ。夫婦だからと一緒に行動してばかりだと、疲れがたまりそう。お互いのペースを大切にすること。相手にもそれを理解してもらいましょう。

×やぎ座のあなた

てんびん座も、やぎ座も活動星座。二人とも休日には予定をびっしり入れ、朝から動きまわりたいタイプです。ただ、彼はファッションが好きなおしゃれさん。付き合う人種がちょっと違うため、それぞれの友人関係が重ならず、かみ合わないところも。共通の趣味をもつなど、二人の時間を大切に積み上げていきましょう。

×みずがめ座のあなた

どちらも風のエレメントの星座で、よい意味で友達のような対等さのあるカップル。周囲から見ても理想の夫婦となりそう。誰とでもフェアに接するみずがめ座のあなたをてんびん座の彼は好ましく思っています。あなたからしても、時に頑固になってしまう自分と違い、どこか洗練された物腰の彼に憧れに似た感情がありそう。

×うお座のあなた

ともに頼まれたら、断ることができない、やさしい性格のもち主。反面、優柔不断だったり、ルーズだったり、欠点も似ているので、いいときは二人していい、悪いときは二人して悪いとアップダウンも一緒。人に都合よく振りまわされる傾向もあるので、自分にも、他人にも、もうちょっと厳しくてもいいかもしれません。

さそり座生まれの人と うまく付き合うには？

Scorpio 10.24 - 11.21

周囲のさそり座について、あなたは、どんな印象をもっているでしょうか。ミステリアスな雰囲気をまとい、時に支配的なまでにカリスマ性がある。ひょっとしたら、何を考えているかわからないし、信用できないとも感じているかもしれません。

でも、さそり座の人たちは、大抵の場合、興味のあるものに集中していて、余計なことは何も考えていないだけなのです。ただ、自分が人からどう見られているかに関心がないので、お世辞を言うようなこともなく、ありのままです。そのため、周囲の人は自分がさそり座の眼中にないことを実感します。時には虫ケラのように無視され、存在価値を認められていないように思ってしまうのかも。

でも、何度も言いますが、それは誤解。ひとつのことに没入する性質があるので、仕事や恋愛に夢中になっていると、周囲のことが見えなくなるだけなのです。「恋愛がうまくいかないのは、人とペースが合わないから」というさそり座さんの話をよくよく聞いたら、仕事や勉強が多忙なため、恋人にも半年以上、連絡しなかったとか。それはもうペースが合わないどころの話ではないですが、決してわざと放置しているとかではないのです。

仕事でも、報告・連絡・相談のいわゆる「ホウレンソウ」が苦手なさそり座の人も多数。自分にとってメインのプロジェクトには注力しますが、他は、ほとんど断絶するように壁を張りめぐらしていたりします。でも、リアルに会うと、対象に200パーセントくらいの力を注ぎ、場を支配するカリスマ性があるので、周囲は、そのギャップに訳がわからなくなるのかもしれませんね。

さそり座があなたの夫・パートナーだったら？

さそり座の人は、独特のペースゆえに人間関係がうまくいかない経験を重ねて、「去る者は追わず、来る者は拒まず」という達観した態度を身につけていることが多いもの。独身時代のお付き合いなら、案外あっさり終わるかもしれません。でも、「この人」と思うと一途に思い続けるので、執着にまで発展することもありそう。結婚相手となると思い入れも深く、離婚の選択肢はないので、とことん受け入れるしか方法はなさそうです。仕事人間でもあり、あまり家庭を省みてくれないとしても、それを受容する力が求められるはず。

さそり座の夫・パートナーとあなたの星座の相性は？

×おひつじ座のあなた

対象に深く没入するさそり座の彼。人生の大部分を自分の仕事や趣味への情熱にかけることになるので、一人で放っておいても楽しげなあなたは、ありがたい存在のはず。お互いに、趣味や遊びは別行動でよいと割り切れるので、いつまでも仲よくいられそう。会う時間が少ないことで、新鮮な気持ちも維持できるはずです。

×おうし座のあなた

スキンシップを大事にしたいのは二人とも同じですが、いつも相手と一緒にいたいおうし座のあなたに対し、さそり座の彼は、自分が仕事や趣味に熱中している間は一人になりたがるので、お互いのペースが理解できないままだとけんかが増えそう。自宅の中にも彼が一人になれるスペースをきちんと作ることが欠かせません。

×ふたご座のあなた

自分の世界を確立するために、興味のあることを徹底的に深めたいさそり座の彼。対して、ふたご座のあなたは、視野が狭くなるのを嫌い、情報や知識を広く得ようとするので、価値観がかなり違います。お互いの仕事や人間関係の作り方については口を出さない、適度な役割分担が関係をしなやかに続けるコツ。

×かに座のあなた

包容力と頼りがいがあるさそり座の彼と、守ってあげたくなる、アイドルのような可愛らしさが魅力のかに座のあなた。相性はよいのですが、言わなくても察してくれるさそり座に対し、かに座の側が依存してしまうと、彼が疲れてしまいそう。わかってくれると甘えすぎないこと。特に年が近い場合は、彼の悩みにも配慮して。

×しし座のあなた

どちらも不動星座で、自説を曲げないところが。それぞれの個性が明確で、火花が散ることもあるカップルです。お互いに信頼し、認め合いながらも、どこか距離があるかもしれません。相手のパーソナルスペースを大切にする、ちょっと引いた関係になりやすいかも。夫婦でも、気を遣い合うところもありそうです。

×おとめ座のあなた

感性が似ているところがあり、共通の話題が多いので、夫婦というより、親友にもなれる好相性。ただ二人とも、自分のペースを崩せないタイプなのが難。特に、さそり座の彼は仕事に熱中すると、あなたを放っておく期間が年単位であるかも。結婚生活の行方は、そんな放置プレイに耐えられるかどうかで決まります。

×てんびん座のあなた

未来が安全かどうかを徹底的に検討し、危険な領域には踏み込みたくない慎重派のてんびん座のあなた。対して、さそり座の彼は、普段は慎重でも、時にはリスクを冒して、究極のものを欲しがります。価値観は違いますが、彼がやりすぎたときはあなたがストッパーに。あなたが不安なときは彼がサポートできるはず。

×さそり座のあなた

「一心同体の夫婦」という理想像が一致しますし、実際そうなれる相性です。価値観のズレはないのですが、彼が自分のほうが上だとばかり、「夫唱婦随」を求めてくると、圧迫感を覚えるかもしれません。「同じように考え、同じように感じる」ことがストレスにならないうちに、一人の時間も適宜、作っていきましょう。

×いて座のあなた

未来を見越して、直観で動きたいいて座のあなたと、過去を振り返りながら、慎重に事を進めたいさそり座の彼。性質は全然違うのですが、彼は、誰に対してもニュートラルでフェアな、あなたの人間性を信頼している様子。彼を置いてけぼりにすることなく、あなたの冒険や旅に巻き込んでいきましょう。

×やぎ座のあなた

外では何でも一人でがんばろうとするやぎ座のあなたも、包容力のあるさそり座の彼だけには安心して心を開けそう。夫というより、何でも話を聞いてくれる相談相手という面も。相性はいいのですが、寄りかかりすぎると、彼も負担に感じそう。自分のペースに彼を巻き込みすぎると、引きこもってしまうので注意して。

×みずがめ座のあなた

好きなことはあるものの、少し引いて、夢中になっている自分を客観的に見てしまうみずがめ座のあなた。そんなあなたにとって、対象にズブズブと没入していく彼は尊敬の対象と言ってもいいくらい。ただ、彼が外の世界で忙しくしていると、すれ違いが起こり、いつのまにか会話がなくなることも。コミュニケーションがカギ。

×うお座のあなた

ともに水のエレメントの星座。感情の交流を大切にするので、いつまでも仲のよい二人でいられそう。普段は、さそり座の彼が主導権をとりますが、いざというときは、うお座のあなたに決定権が。ただ、お互いに、相手を思いどおりにコントロールしたがる傾向には気をつけて。適度な距離感を心がけましょう。

いて座生まれの人と
うまく付き合うには？

Sagittarius 11.22-12.21

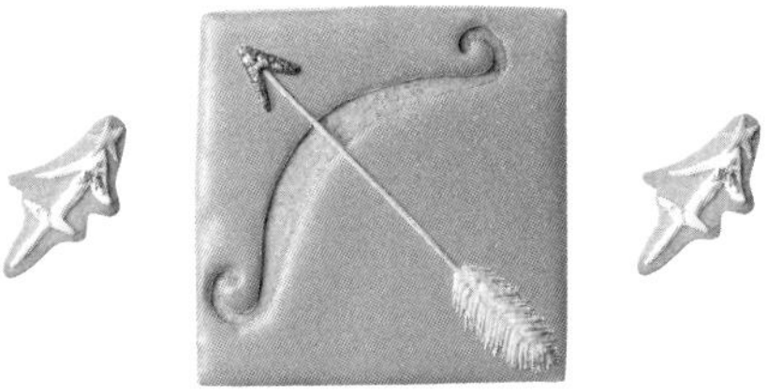

守護星の拡大と保護の星・木星そのままに、人を応援しよう、サポートしようという姿勢があるのがいて座の人です。でも、それは求められたときだけ。普段は、一人で放浪するのが好きで、人に干渉しないタイプです。

いて座は自由人です。若い頃は、自分でもそのエネルギーをもて余し、疲れ知らずで徹夜を続けたかと思うと、突然、道の真ん中でチャージ切れ。歩けなくなった経験がある人も多いほど。こうと思い込むと突如、走り出し、止まらなくなってしまうとか、半身半馬のケイローンの象徴そのままに、野性味あふれる面をもっています。若いうちは、やんちゃだったかもしれません。

もともとは、同じことの繰り返しやスケジュール管理は苦手。気分次第で遅刻しては悪びれないので、周囲はなかなか、いて座のペースについていけないかも。でも、なにしろ、いて座は自由人ですから、もし、あなたがいて座と付き合いたくないのなら、それでOK。いて座の人は気にしないでしょう。

でも、年を経ると、いて座は、人格者の風格を備えてきます。若い頃にやんちゃしたからこその魅力があり、いて座の周りにはたくさんの若者が集っているはず。遊びも、仕事も経験値が高いからこそ、つまらない優等生とは違い、後輩たちに自然と慕われるのですね。そのため、中年期のいて座の人との付き合いに悩まされることはないかもしれません。あなたのほうが悩みを相談するなど、その包容力に助けられることが多いはず。とは言え、甘えすぎると、自由人のうえ、多趣味。多忙を極めるいて座は、瞬く間にいなくなってしまいそうです。

いて座があなたの夫・パートナーだったら？

正直で、誰に対しても公平。すごくいい人なのですが、その分、パートナー以外にもやさしいのが悩みの種かもしれません。いて座の守護星・木星は、神話ではゼウス。ゼウスそのままに恋多き面があり、プライベートも自由奔放。飲みに行くのも大好きな人が多いので、恋人やパートナーとしては、そこがちょっと心配な点。若い頃は遊び歩いて家に寄りつかないなど、結婚生活そのものにあまり向いていないかもしれません。とは言え、年齢を重ねてからは、よきパートナーに。気のよい、楽しい存在として、あなたを元気づけてくれるはずです。

いて座の夫・パートナーとあなたの星座の相性は？

×おひつじ座のあなた

どちらも、アイデアや勢いが豊富な、火のエレメントの星座。ともに未来志向なので、リタイア後のビジョンを肴に飲んだりすると、おおいに盛り上がりそう。ただ、話しているだけで現実化しづらい傾向もあるので、本当にやりたいことは、貯金や事務手続きも含めて、少しずつ進むよう心がけたいところ。

×おうし座のあなた

快適な空間で、おいしいものを食べて、アロマの香りやスパのトリートメントを楽しむ。それがおうし座の人生の楽しみ方。一方、いて座の彼は冒険が大好きです。普段の生活はいいのですが、アフリカのサバンナに行きたいとか、北欧の氷のホテルに行きたいとか、旅行の趣味がまったく合わないのが悩みかも!?

×ふたご座のあなた

どちらも柔軟星座で、方向性は違うものの、自由人。何ものにも縛られたくない二人は、無理に子どもをもつことはなく、夫婦だけで生きる選択もありそうです。田舎より都会、戸建よりマンション派かも。地域に縛られずに暮らしたいと願うでしょう。二人とも知的好奇心が高く、刺激を好むので、旅が多くなりそうです。

×かに座のあなた

家庭第一のかに座のあなたに対し、いて座の彼は自由奔放。家のことはあなたにまかせきりにして、外に遊びに出てしまうところも昔はあったかもしれません。でも、この数年で見違えるほど落ち着き、家庭を省みるようになってくれたのでは。常に成長を求めている彼は、年齢を重ねると、大人になってくれそう。

×しし座のあなた

ともに火のエレメントの星座で、思い立ったらすぐ行動という二人。損得の計算もないし、いつも周囲を励まそうとする、灯台のような夫婦です。被災地のボランティアなども夫婦して出かけるような、情熱のあるカップルのはず。二人で飲食店を開いたりしても、たくさんのお客さんがつくことでしょう。

×おとめ座のあなた

常に未来を見つめて、やりたいことを追いかけるいて座の彼は、おとめ座のあなたには好ましい相手。彼もあなたを尊敬し、仕事のことも応援してくれるはず。ただ、あなたが考えすぎ、先まわりしてお節介を焼くと、彼の態度が硬化してしまうかも。自由人の彼を尊重し、押しつけがましい態度をとらないことが大切です。

×てんびん座のあなた

過去と未来を天秤にかけては、過去と同じやり方を選択するほど慎重派のてんびん座のあなた。でも、いて座の彼は、あなたにおかまいなしで飛び出していくことが。そんな彼にハラハラしつつ、どこかで自分にはできない彼の冒険を楽しんでいるのかも？　やさしい姉とやんちゃな弟のような関係になりそうです。

×さそり座のあなた

冒険好きで、やりたくなったら、すぐ飛び出すタイプのいて座の彼。ここぞというとき以外、慎重派のさそり座のあなたとではお互いに引っぱり合うところもあるし、よい意味でのブレーキになる面も。ただし、定期的に過去をリセットし、前進しようとする彼と歩みを揃えるのは大変かも。振りまわされないようにして。

×いて座のあなた

「海外が好き」「リタイア後は海外移住」「アカデミックな世界に惹かれる」。遠いところへの憧れを共有し、価値観が同じいて座同士のカップルには共通の人生の目的がありそうです。そのために二人で協力し合えるので、お金の遣い方、人との付き合い方などで揉めることが少ないはず。二人で事業をしてもよさそう。

×やぎ座のあなた

やぎ座のあなたは、どちらかと言うと、ひとつの会社に忠誠を誓い、勤め上げるタイプ。でも、いて座の彼はいたって自由人。縦社会や組織になじまないので、あちこち漂流しがち。そんな彼に心配させられる反面、その奔放さを魅力に感じるところもありそう。彼と一緒にいることで、あなたの世界も広がっていくでしょう。

×みずがめ座のあなた

みずがめ座のあなたといて座の彼。お互いの理想はちょっと違うのですが、やりたいことを夢のままにせず、実現しようという人生への前向きさは共通しています。たとえ夢みたいなことでも、まずは始めてみるように応援してくれる、ありがたい相手と言えるでしょう。夢や理想をすり合わせ、一緒に動けるとなおよし。

×うお座のあなた

自由奔放なうえ、博識ないて座の彼をきっとあなたは大好きなはず。憧れている面もあるかもしれません。ただ、好きなあまり、甘やかしてしまうと、彼が調子に乗る傾向が。家のことはすべてあなたにまかせて、自分だけ好きなものにお金を遣うことも。二人の将来のためには、手綱はしっかり締めておきたいですね。

やぎ座生まれの人と うまく付き合うには？

Capricorn 12.22 - 1.19

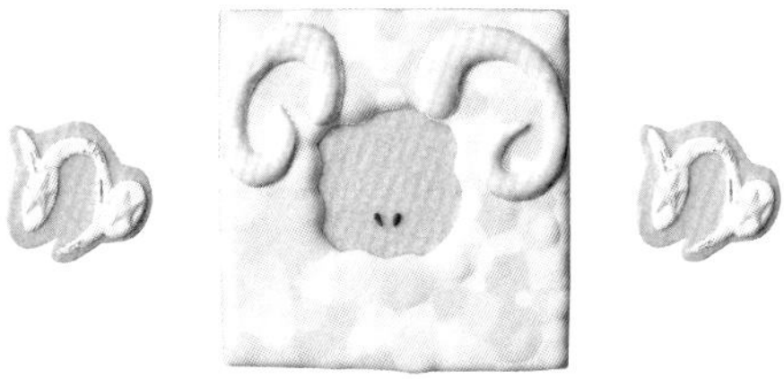

やぎ座の人は、元来は、とても一本気で努力家です。成功や達成のために惜しみなく働き、その勤勉さは12星座の中でも群を抜いています。それは、社会の中でよいポジションを得て、安定したいため。エリート志向がありますが、優秀なだけあって、とても感じがよく、密に関わる家族以外に自分の綻びを見せることはない人です。表面的な付き合いであれば、やぎ座の人との関係に悩むことはないでしょう。困っている友人などには自分のもち物でもシェアしようとするやさしい人たちです。

ただ家族や親しい友人となると、やぎ座の人の独特な価値観についていけないことも。上昇志向や承認欲求がとても強いことがあるからです。もちろん、やぎ座は家族に対しても、やさしく、思いやりがあるのですが、身近にいると、野心的な顔が見えてくることも。上昇志向の強さから限界を超えて働いてしまうとか、権威に迎合するかと思うとやたらと批判してしまうとか、上には従うけれど、下には厳しくするといった面があるかも。

実は、それは「まじめでいい人」の典型とも言えるやぎ座の人がストレスを抱えているときに出てくる一面です。「社会的な序列」に敏感なやぎ座の人は、社会的に高い地位について、安定して活躍しているときは、そんな言動はしません。強いストレスにさらされているときだけ、自分が優位に立とうとして、他者をマウントしてしまうのですね。その意味では、高い山の頂上を目指して、整えられた山道をやさしい仲間とともに登っているときにこそ、自分を好きになり、存分に能力を発揮できるのかもしれません。

やぎ座があなたの夫・パートナーだったら？

よい環境とポジションを目指し、懸命に努力するのがやぎ座です。やや打算的な部分もありますが、特に、物質的にはよいパートナーになってくれるはず。ただ、万一リストラなどに遭い、福利厚生が手厚くない、お給料が低いなどの職場に転職すると、途端にやる気がなくなることも。ちょっと打たれ弱いところがあるのです。自分に自信がなく、孤独に弱い面もあるので、パートナーとしては、やぎ座を慰め、立ててあげる姿勢が欠かせません。ナイチンゲールのように、いつでも要望を聞いてあげないと、パートナーはつとまらないかもしれません。

やぎ座の夫・パートナーとあなたの星座の相性は?

× おひつじ座のあなた

やぎ座の男性は、野心的なところがあり、社会的なポジションを得たいタイプがほとんど。そんな彼と違い、自由でいたいのがおひつじ座のあなた。価値観のぶつかり合いから、けんかになることも以前は多かったのでは。実直な彼にあまり負担が集中しないように、期待しすぎないことも必要かもしれません。

× おうし座のあなた

やぎ座の彼は、あまり器用なタイプではありません。組織での出世や社会での名誉を目指し、職場での仕事を猛烈にがんばる彼を専業主婦のあなたが支える。そんな夫婦像がイメージできます。もし、あなたがもっと仕事をがんばりたいとなったら、話し合いが必要になるかも。あなたの気持ちをわかってもらいましょう。

× ふたご座のあなた

実は、コンサバなところもあるふたご座のあなたにとって、やぎ座の夫は頼りになる相手でしょう。彼が責任を引き受け、がんばってくれることで、あなたが少し楽になるような相性です。ただし、面倒なことは彼に全部おまかせ、とならないように気をつけたいところ。律儀な彼に負荷が集中すると、ダウンしてしまいます。

× かに座のあなた

組織での出世が第一になりやすいやぎ座の男性。今までは彼が一家の大黒柱で、かに座のあなたがサポート役だったかもしれません。ただ、変容の星・冥王星や現実化やルールの星・土星の影響で、彼も人生について考え直しているようです。彼を頼ることなく、あなたも好きなことをがんばっていくのがいいでしょう。

× しし座のあなた

やぎ座の彼は、しし座のあなたに対しては、まるでマネージャーみたい。彼があなたの手綱を締めてくれる中で、自分はやりたいことを自由にやるのが理想でしょう。そのため、二人でいるとつい甘えてしまい、日々の雑務や責任を彼にまかせきりということも。彼への最大限の感謝を忘れずに過ごしたいですね。

× おとめ座のあなた

仲のよい友人同士のように会話や行動のペースが合う、落ち着いたカップル。ただ、やぎ座の彼は、社会的に成功したいという気持ちがとても強いもの。意外に野心的な面を目の当たりにすると、それまで信頼していた分、気持ちが急に冷めることが。あなたの側も、彼を頼りにしすぎず、精神的な自立をすることです。

× てんびん座のあなた

やぎ座の男性は、立身出世を望んでいるタイプ。そんな彼がてんびん座の妻に望むのは、会社の上司や同僚とうまくやってくれること。そして、キャビンアテンダント並みの高度なホスピタリティ。美意識の高いてんびん座のあなたなら、きっとうまくやってのけるはず。まじめな彼と美しい妻としてみんなの憧れの的に。

× さそり座のあなた

二人とも努力家で、人生の価値観もそう離れていないため、本来は悪くない相性です。ただ、さそり座のあなたが自分のペースを貫きすぎると、我慢強い彼も怒り出してしまうかも。プライドが高いところもあるので、男性としての彼を立てることを忘れると、軋轢が生じることに。少し引いた態度が必要かもしれません。

× いて座のあなた

冒険をしたいものの、夢を見ているだけのこともあるいて座のあなたに対し、彼はリアリスト。ちょっと野心家なくらい、何でも現実的に考えます。たとえば、海外に住みたいなど、あなたの夢と彼の夢が重なると、とてもよい相性と言えます。ただ、その分、彼を陰から支えることも必要になるかもしれません。

× やぎ座のあなた

「社会の中で認められ、業績を積み上げたい」、そんな人生の価値観が合う二人。彼のサポート役にまわることになっても、目的が一致しているので、自然なことに感じられるかも。ただ変容の星・冥王星の影響を受けやすい現在、新しい人生の選択は慎重に。これまでの価値観を見直すことも大切かもしれません。

× みずがめ座のあなた

既存の社会の枠の中で、達成や成功をしようとするやぎ座の彼と、むしろ社会を変えていこうとするあなたでは、根本的な価値観が違いそう。でも、違いを理解したうえで、お互いにないものを補い合えると、相乗効果が生まれ、二人の世界が広がっていくでしょう。特に今後は、あなたが彼を引っぱっていく姿勢が必要に。

× うお座のあなた

社会的な成功を追い求めるやぎ座の彼を、うお座のあなたが支えるように見える相性。自分も仕事をしているかどうかにかかわらず、PTAや町内会、親戚付き合いなど、すべてあなたが引き受けることになっていませんか。でも、言葉数は少ないものの、彼は、あなたに感謝しているので自信をもちたいですね。

みずがめ座生まれの人とうまく付き合うには?

Aquarius 1.20 - 2.18

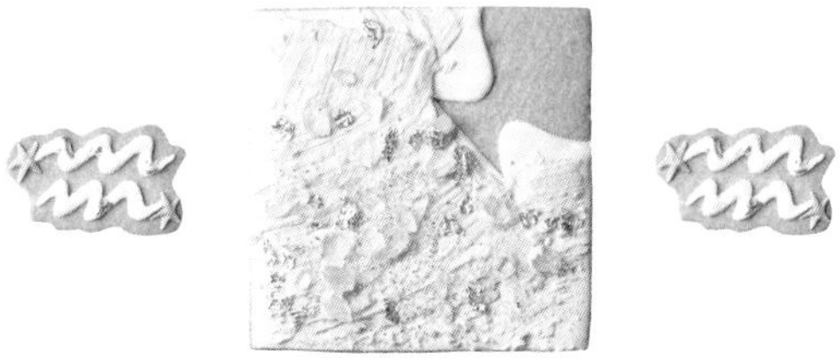

みずがめ座の守護星は、自立や変革の星・天王星です。天王星は、他の惑星とは自転の向きも違い、ちょっとひねくれ者のようにも見える星。みずがめ座の人も、やぎ座の社会的な達成をよしとする世界観とはかなり違う価値観をもっています。「フリーランス志向」「ユニセックスな共働き志向」など、みずがめ座の特性は、昭和の時代までなら、時代より早すぎて、社会に適応できなかったかもしれません。でも、平成から令和にかけては、時代がみずがめ座に追いついてきたところがあり、人気者が多い星座です。

男性性と女性性の両方を兼ね備えているような、中性的な人が多いのも特徴で、みずがめ座の人から、こちらに踏み込んでくることはありません。お互いのパーソナルスペースを確保したうえで、相手をリスペクトして付き合うことができるので、普通は、みずがめ座の人との関係に悩むことは少ないはず。

ただ、家族や恋人になってみると、みずがめ座は、男女関係なく友達がいますし、誰にでも平等でやさしく、一般常識にとらわれないので、時に悩まされることも。Aさんという恋人がいても、Bさんにもやさしくしてしまうなんてことがみずがめ座には実際にあります。「分散」の性質があるため、ひとつに絞るという発想がそもそも、あまりないのかも。べったり一緒にいたいタイプにとっても、みずがめ座の人は冷たく映りそう。生まれついて、「ソーシャルディスタンス」の性質をもっているので、みずがめ座の人との距離感を受け入れることがパートナーシップの構築に欠かせません。踏み込みすぎず、離れすぎず、つかず離れずが大切な相手です。

みずがめ座があなたの夫・パートナーだったら?

みずがめ座の人は付き合ったり、結婚したりしても、パーソナルスペースが必要なタイプです。一人になりたいときは、きっと合図を出しているので、踏み込まないことが大切です。よい面としては、みずがめ座にとっては、時間や場所という概念はあまり関係ないので、地球の反対側にいてもスカイプなどで関係を続けるとか、別居婚や週末婚といったイレギュラーなものでも受け入れてくれるとかの可能性があります。新しい時代のパートナーとしてはポテンシャルが高い星座で、「専業主夫になりたい」なんて言われることも!?

みずがめ座の夫・パートナーとあなたの星座の相性は？

×おひつじ座のあなた

誰に対してもフラットで、家事も分担してくれる。そんなみずがめ座の彼は、おひつじ座のあなたにとって、ありがたいパートナーのはず。直観的なあなたに対し、彼は思考優勢。何でも理詰めで考えるタイプ。お互いに足りないところを補い合える友達カップルです。家事分担などもしっかりとしてくれそうです。

×おうし座のあなた

女性として大切にされたいおうし座のあなたと、根っからの男女平等派の彼では、価値観が違うところが。家事はしてくれるけど、プレゼントやレディファースト、スキンシップがあまりないのがさびしくなるかもしれません。もっと大切にしてほしい、わかりやすく愛情を示してほしいと、自分の取扱説明書は伝えるべき。

×ふたご座のあなた

ともに風のエレメントの星座の生まれ。相性はいいのですし、彼のことは尊敬しているはず。ただ、すべてにおいて柔軟で、フレキシブルに対応できるふたご座に対し、みずがめ座は、ちょっと頑固なところが。価値観が合うときはいいけれど、いざ意見が違うとなると、長々と自分の主張をする彼にうんざりすることも。

×かに座のあなた

たとえば、食の安全など、家族の安全から、だんだんに社会へと視野が広がるタイプのかに座のあなた。それに対し、みずがめ座の彼は、初めから視野が広く、状況を俯瞰し、分析しています。タイプは違うけれど、生活のペースや家庭の運営に関する考え方は合い、楽しく長続きしそうなカップルです。

×しし座のあなた

今この瞬間に熱中し、目の前の人参を追いかけるようなしし座のあなたに対し、みずがめ座の彼はとてもクール。俯瞰して状況を見ているので、盛り上がっているときに冷や水を浴びせられるような気がする反面、リスクヘッジに。また後先考えないあなたを実は、彼は愛おしく思っているので、いつまでも仲よくいられそう。

×おとめ座のあなた

仕事や生活のペースが合い、神経質なおとめ座のあなたのお眼鏡にも適うのがみずがめ座のパートナー。家事の分担などもバッチリです。ただ、二人とも理屈で考えすぎ、生活に潤いがなくなるきらいが。相手の気持ちを思いやる余裕を忘れないで。家事や仕事の分担だけでなく、二人でくつろぐ時間もとるようにしたいですね。

×てんびん座のあなた

みずがめ座も、てんびん座も、風のエレメントの星座。家事分担もバッチリ、あなたの仕事も応援してくれる。一見、理想的な彼ですが、女性だからと甘やかしてくれないのが悩みかも。家計はきっちり折半、自分で家計管理をするなど非常に合理的で、情をはさまないタイプです。相性はいいのですが、時に物足りなさが。

×さそり座のあなた

意外とひょうきんで、弟みたいなみずがめ座の彼。ただ、あなたが手を出しすぎたり、逆に彼に甘えすぎたり、フラットな関係が崩れると、お互いに負担になりそう。どちらも言葉が足りないところがあるので、密なコミュニケーションを心がけること。また、彼ができる以上のことは要求しない、おおらかさも必要です。

×いて座のあなた

海外志向があり、国内でも移住を考えるようないて座のあなたと、理想的な社会やライフスタイルを求める彼。二人の行きたい国、住みたい土地が一致すると、抜群の相性を発揮します。恋人同士のような甘さはないけれど、普段の家事分担もバッチリで、ともに未来志向でもあり、うまく行くことでしょう。

×やぎ座のあなた

組織のトップに立つ男性に魅力を感じるあなたですが、そんなことはおかまいなしの彼。そこに不甲斐なさを覚えることもある反面、自分にはない自由さに魅力も感じる相手でしょう。いっそのこと、あなたが会社に勤め、彼が専業主夫やフリーランスというのもよさそう。既存の枠内に縛られない関係づくりを心がけて。

×みずがめ座のあなた

「年功序列や男尊女卑のない社会」が理想なのは、二人とも同じ。みずがめ座の太陽という人生に対する基本的な価値観が一致するので、細かい違いは乗り越えていけるでしょう。ただ、どちらも社会や自分に求める理想が高いので、それが実現できないときのフラストレーションが大きくなりそう。時には妥協も必要です。

×うお座のあなた

大企業での出世などにあまり興味がない、自由な価値観が二人の共通点。相性が悪いわけではないのですが、「わかってほしい」うお座のあなたに対し、彼は、理詰めで考えるタイプ。話を聞いてくれるだけでいいのに、解決策をくどくど言われるとストレスがたまりそう。共感は求めないほうがよさそうです。

うお座生まれの人と うまく付き合うには?

Pisces 2.19-3.20

うお座の人は、生まれついてのサポーター。人に奉仕しようとして、常に飛んでくるボールを待ち構えているところがあります。バレーボールで言えば、守備専門のリベロタイプなのです。どんな場所でも、誰か困っている人はいないかと見まわして、「お手伝いすることがありますか?」と飛んできてくれるのはうお座です。そのため、うお座の人には周囲がつい甘えてしまい、いろいろなことをお願いしてしまうことが。それをまた黙って受けてくれるので、普通は、うお座の人との人間関係に悩むことは少ないように思えます。

ただ、うお座の人には自己犠牲の傾向があって、少々無理をしてでも、相手を助けてしまいがち。助けてもらったほうは、うお座の人が犠牲を払ってまで助けてくれていると思わないので、ついつい負荷をかけてしまい、うお座の人がパンクするなんてこともあります。うお座の側も自分の疲れに気づいていないので、「助けたい」と思って、夢中で動いているうちに疲弊しているのですね。

たとえば、介護や子育てなどで、ケアラーと言われる人たちの問題がありますが、うお座の人は多分にケアラー的な性質をもっています。自分の人生と人助けのバランスは、うお座の人自身も考えないといけないテーマではありますが、周囲も、社会や組織のいろいろなひずみがうお座の人に集まらないように、気を配りたいもの。

うお座の人は、人からの感謝ややさしい言葉を燃料とするところがあります。大変なことでもやりたくないわけではないのですが、「当たり前」と思われたら、心が壊れてしまうかもしれません。それくらい繊細で、やさしい人たちだと肝に銘じ、常に、「ありがとう」と声がけを忘れないようにしてください。

うお座があなたの夫・パートナーだったら?

周囲の人の気持ちにも敏感なうお座のパートナー。いいお天気で、家族みんなが機嫌よく、やさしい言葉をかけ合うような雰囲気なら、うお座の人は幸せです。でも、とげとげしい言葉が飛び交い、イライラした人が多い家庭だとストレスも強くかかってしまうので、場の雰囲気づくりにも気を配ってあげて。自己犠牲を重ねて、エネルギーが枯渇してくると、特定の人間関係、アルコールなどへの嗜癖が始まることも。もちろん他の星座の人もそうなることはありますが、うお座の人は割れ物のように、ていねいに扱わないといけないのです。

うお座の夫・パートナーとあなたの星座の相性は？

×おひつじ座のあなた

何でも自分で決めたいおひつじ座のあなたに対し、「いいよ、いいよ」と言ってくれる仏さまのようなうお座の彼。一見、あなたが主導権を握っているようで、その実、彼の手の上で転がされているだけかも!?　ただし、やさしすぎることから、人の影響も受けやすく、ストレスに弱い彼のサポートも忘れないことです。

×おうし座のあなた

奉仕の精神にあふれるうお座の彼なら、プリンセスのように扱われたいというあなたの隠れた願望をサーバントのように叶えてくれそう。あなたのことが大好きで、甘やかしてくれるはずですが、彼が困ったときには助けてあげて。きっと自分では「助けて」とも言えないので、彼が何を感じているか、いつも考えてあげること。

×ふたご座のあなた

困っている人を放っておけない、誰にでも親切な彼ですが、頭の回転のよいあなたからすると、子どものようで心配になるときも。彼のやさしさを好ましく思いつつも、物足りなさを感じるかも。でも、あなたが主導権を握れるので、家庭運営はしやすそう。二人で晩酌しながら、楽しく会話する、そんな家庭となりそうです。

×かに座のあなた

かに座も、うお座も水のエレメントの星座で、共感を大切にします。そのため、子どもが生まれても二人でデートをするなど、仲睦まじいカップルに。同じ景色や音楽に感動すると絆が深まるので、たくさんの経験を家族で積み重ねていきましょう。愛と思いやりにあふれた仲よし家族となりそうです。

×しし座のあなた

燃え盛るしし座の火に対し、うお座は海。しし座にとってはサポートしてくれるありがたい相手。反面、時には大量の水で火を消されるようで、重荷に感じることも。束縛されたり、見返りを求められたりするように感じたら、無理せず、時には一人で過ごすのがよい関係を築くコツと言えるでしょう。

×おとめ座のあなた

とことん相手を受け入れ、否定しない態度を愛と信じるうお座と、たとえ夫婦でも、お互いを尊重した付き合いをしたいおとめ座のあなた。二人とも細やかな感性をもち、愛情深いのですが、愛情表現の仕方が違うので、すれ違いが生まれやすいのが難。お互いの考え方、感じ方の違いを受け入れることです。

×てんびん座のあなた

外交的なてんびん座のあなたと内向的なうお座の彼。タイプは違いますが、二人とも気遣いの人なので、相性は悪くないでしょう。ただ、どちらも「いい人」で、人の要請に振りまわされがち。自分たちの生活に、義理の両親や親戚などの他者があまり立ち入らないような工夫が必要かもしれません。

×さそり座のあなた

さそり座とうお座。どちらも、感情を大切にする水のエレメントの星座。ロマンティックな恋人同士のような関係が長く続きそう。相手にしてほしいことが似ているので、けんかは少ないかもしれません。ただし、「裏切り」があるとお互い容赦しないので、修復不可能に。ドロドロの離婚なんてことにもなりかねないかも。

×いて座のあなた

いて座のあなたをリスペクトして、ナイトのように尽くしてくれるうお座の彼。どんなわがままを言っても、やさしく受け止めてくれそうです。基本、おしどり夫婦ですが、その存在に感謝しつつも、彼のやさしさにとことん甘えてしまいそう。彼が困っているときにあなたが支えられるかどうかで、夫婦の真価が問われそうです。

×やぎ座のあなた

現実化やルールの星・土星や変容の星・冥王星が頭上に滞在する中、人生修行の真っ最中のやぎ座のあなた。人生がハードなだけに、時に愚痴っぽくなる面も否めませんが、それでもニコニコと受け止めてくれるセラピストのような彼にはきっと感謝しきり。彼だけはきっとあなたから離れていかないでしょう。

×みずがめ座のあなた

あなたは理性的なやさしさをもち、彼は情深いタイプ。人と適度な距離感をとりたいみずがめ座のあなたに対し、うお座の彼は、境界を作らないタイプです。困った人を放っておけず、理性で割り切れない問題をもち込まれたりすると疲れてしまいそう。お互いの違いを踏まえたうえで話をすると、けんかが減りそうです。

×うお座のあなた

「世界はひとつ」「人類は助け合わないと」。そんな理想が一致する、どこか人道主義的な二人。寄付やボランティアなど、やりたいことが似ているのでは。将来的には二人でNPOを立ち上げたり、里親になったり、社会貢献の理想を実現するのもよさそうです。それによって、二人の人生に喜びがあふれていくはず。

COLUMN

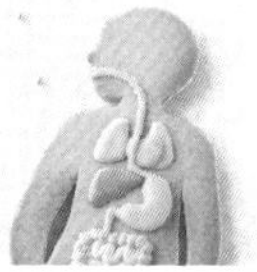

占星術と身体の深い関係

伝統的な占星術では12星座のそれぞれに対応する身体のパーツが割り当てられています。12星座の始まりの星座であるおひつじ座は、頭と顔、2番目の星座であるおうし座は、喉や甲状腺、3番目の星座であるふたご座は、肩、肺、背中。4番目の星座であるかに座は、乳房や胸腺、胃。5番目の星座であるしし座は心臓、6番目の星座であるおとめ座は大腸や小腸という具合に、身体の上から下へとどんどん下がっていきます。7番目のてんびん座は、腰や腎臓。8番目のさそり座は、子宮など生殖器。9番目のいて座は太もも、肝臓、10番目のやぎ座は骨や骨格、11番目のみずがめ座はふくらはぎや全身の循環、12番目のうお座はくるぶしから下の足になります。「星と身体？」と、初めは私も半信半疑だったのですが、個人セッションで多くの人と接してみると、これがそのとおり。さそり座、おとめ座、かに座などに太陽、月、火星、重要な感受点などがある方なら、「子宮など婦人科系、胃腸に不調が出やすいかもしれませんね」などと伝えるとドンピシャです。

「かに座はバストを象徴することから、乳がんにもなりやすいとも言われるので、気をつけてくださいね」などと病気の可能性をお伝えすることもできます。もちろん、かに座生まれの人全員が乳がんになるわけではありませんが、乳がんに罹患した芸能人の方を見ていても、かに座が目立ちます。感情や疲れがたまり、生体バランスが崩れたとき、乳房に問題が現れる傾向はあるように見えます。

婦人科系は何ともないけれど、おひつじ座、しし座などに星や感受点が目立つ方に、「今は健康だけれど、年をとったら脳や心臓に出る可能性があります」とお話しすると、「確かに、親戚には脳腫瘍や脳溢血が多いです」とか「心臓が悪い家系です」とか「頭痛がすごいんです」と返ってきたりします。

みずがめ座ややぎ座など冬生まれは、骨やふくらはぎ、リンパなどですから、「冷え性で、膝が冷えたり、血液やリンパの流れが滞ったりで不調になるのでは」とお話しすると、もう実感していて、リフレクソロジーや漢方ですでに手当をしている方が多いのですね。

私自身は、おとめ座に4天体あるので、疲れがたまると腸に出ます。また、「健康」を象徴するエリアがおうし座にあるのとシンクロするように、おうし座の象徴する甲状腺機能が40代に入ってから低下しました。みずがめ座には火星があり、疲れるとふくらはぎがむくんでパンパンになりますし、いて座には木星があって、お酒もあまり飲まないのに、肝臓の数値が下がることもあります。そのため、調子が下がると、酵素玄米にしたり、乳酸菌ドリンクを飲んだり、グルテンを抜いたり、酵素いっぱいのフルーツをとったり。腸や肝臓を中心にケアします。

お医者さまではないので、診断はできないのはもちろんですが、星を知っていることで、不調を早めにケアできる。それに、ちょっとお腹が痛くなっても、星と結びつけて、「やっぱり星っておもしろい」なんて明るく考えられるのも、占星術を好きになってよかったことだなと思います。

CHAPTER 6

浜島直子さん、理衣さん、後藤由紀子さん

SayaのLEEスター 星よみ部屋

生まれたときの星を示すホロスコープにもとづいて、
LEEスターたちの人生をリーディング。
人生のこと、ひそかな悩み、今後の夢などについて、
いっぱい、お話ししてもらいました。3人の人生を
一緒に追ってみると、星の教えがすとんと腑に落ちます。

GUEST 1　浜島直子さん

“解剖されて、心の成績表をもらったみたい。
息がしやすくなった感じがする”

浜島さんのホロスコープ

ACが東の地平線、DCが西の地平線を表しています。中央にある1から12の数字がハウス。自分自身を表す1ハウスに惑星が集中しているのが特徴です。

Naoko Hamajima

モデルをつとめながら、NHK総合『あさイチ』などのテレビ出演やラジオDJなど多方面で活躍中！　日常を包み隠さず切り取ったInstagram（hamaji_0912）も人気。最新作の絵本『ねぶしろとおいしいまる』に続き、10月2日には初の随筆集『蝶の粉』（ミルブックス）を出版。

同世代の共感を呼ぶカリスマ。努力を重ねて、今がある人

Saya：自分のホロスコープをちゃんと見たことはありますか。
はまじ：初めてだと思います。
Saya：ホロスコープは、生まれたときの太陽系の惑星の配置図です。計算には生年月日と出生時間、出生場所が必要で、パソコンのソフトで瞬時に作成できます(p.32参照)。中央の時計と反対まわりの１から12の数字がハウス。惑星が活動する領域を示しています。
はまじ：はい。
Saya：はまじは、太陽やAC(重要な感受点)がおとめ座なんですが、１ハウスという自分自身を表す部屋にてんびん座があって、水星、冥王星、火星、金星が集まっているので、てんびん座が強いんです。ホロスコープの構造は、公団住宅みたいなもので、玄関は東側にあって、リビングは南側にあるのは誰もが同じ。でも、それぞれの部屋の壁紙が違う。それが星座で、性格の違いになるんです。
はまじ：わかりやすい！
Saya：てんびん座は、ファッションの星座でもあり、見せることに長けています。水星は考え方、火星は行動パターン、そして、金星は愛や美を司り、冥王星はカリスマ性。同世代の共感を呼べる人です。
はまじ：ええー、カリスマ!?
Saya：はい。演者として、期待されたら、がんばるというのはこれらの星ですね。
はまじ：私が長年やってこられたのも全部、星のせいだった(笑)。
Saya：それはちょっと違って。星は、生まれたときに天から与えられたギフトですが、それを育ててきたのは自分なんです。似たような星まわりをもっているからといって、全員がそうなれるわけではない。自分に正直に生きていないと、占いは当たらないんです。
はまじ：なるほどー。みんなの期待を裏切らないようにしつつも、自分に正直にコツコツやってきた結果、今があるということ。
Saya：そのとおりです。それから、この木星のある９ハウスが「遠いところへの憧れ」なので、海外とか。『世界ふしぎ発見！』のミステリーハンターはぴったり。
はまじ：えー、気持ち悪いー。Sayaさん！ すごい、当たってる。
Saya：ホロスコープどおりに生きているのは、はまじなので、はまじがすごいんですけど、海外との関わりについては運がとてもよくて。札幌にいたときに東京の雑誌の世界に憧れるとかも９ハウス。地方在住だったら、東京に。東京在住だったら、海外に憧れるんです。それがふたご座なので、「新しいものを見たいし、伝えたい」んですよね。憧れや知的好奇心を動力に動いていく方。
はまじ：そのとおり！
Saya：今後、またそれが盛んになります。
はまじ：おさまっていないんですか？　ミステリーハンターは卒業したのに。
Saya：タレントとして海外に行くとか、好奇心を生かす仕事がまた来るかもしれない。
はまじ：へええ。
Saya：おとめ座の太陽のほうは作り手。物づくりやデザインへの適性があります。設計の線を引くのがおとめ座。てんびん座は、それを美しく見せて、装う人。実は、一人で雑誌も作れそう。編集もして、モデルもして。
はまじ：えー、本当ですか!?　こんなにものぐさなのに？
Saya：実は、できる人なんですよ。

専属モデルとなった『mc Sister』の初撮影でのポラロイド写真。小さなアパート住まいでも、大きな夢を抱いてがんばっていた懐かしの一枚。

人生の最大のテーマは、与えられる存在からの自立

Saya：それから、おひつじ座の月が８ハウスにあって。反対側の２ハウスに天王星とドラゴンヘッド(感受点)があり、専門性をもって、経済的な自立をしたいという気持ちが強いんです。小さい頃からそう思っていたか、お母さんに期待されたとかありませんか。

はまじ：「いい学校に行って、いいところに就職して、ちゃんと自立しなさい」ということは、母に言われていました。それで一時、衝突して。私はモデルになりたい。でも、母は、「モデルなんて不安定だから、毎月、お給料をもらえるところに就職しなさい」と。

Saya：それが出ていますね。

はまじ：おお、すごいー。

Saya：そういうお母さんを選んで生まれてきたということは、魂の計画の中に「女性の自立」が入っている。与えられるだけでは満足できない。自立した女性になりたい。

はまじ：そのとおり！　そう、そう！

Saya：それがミステリーハンターにも結びついている。努力していなかったら、似たような星をもっていても、40代になって差が出てくる。はまじも、モデルで自立したいという気持ちを抑えて、お母さんの言うとおり、いい会社に行っていたら、まったく別の人生があるはず。でも、ホロスコープに暗示された可能性は、ずっと心に残っているから、今からモデルにはなれない現実がのしかかって、「人生もったいないことしちゃったかも」という後悔が生まれていたかもしれない。

はまじ：今になって、あのとき母に反対されて、本当によかったと思っていて。反対されたからこそ、弱音を吐けなかったから。最終的に上京資金は出してくれたんですけど、家賃は払えても貯金ができないときも、「仕送りして」なんて絶対言いたくないとがんばった。上京して初めてのモデルのギャラで、父にゴルフのドライバーと母にコーチのバッグを贈

ったら、泣くほど喜んでくれて、「もう反対しないから、がんばりなさい」って。

自分の気持ちに素直に従える、身をゆだねられる人とそうでない人の差ってどこで出るんですか？

Saya：「親にどれだけ愛されてきたか」なのかな、と思うことはあります。はまじのご両親は、本当に愛から心配したわけじゃないですか。愛ゆえの厳しさなら、自分を鍛えるために使えます。無関心な親から愛がもらえなかった人はずっと足りないままなんです。

はまじ：そうなんだ……自己肯定力！

自分だけの新月でモデルに憧れ、次の新月でエッセイストに開眼

Saya：今度は、過去のことを見ていくんですけど。1988年、12歳になる年に自分だけの新月というタイミングがあって。中学生くらいから、雑誌を見て、ファッションが好きになり、モデルに憧れていませんか。

はまじ：そうです！　何で知ってるの？

Saya：星は何でも知っているんです(笑)。そこから30年経ったタイミングが2018年なんですけど、２回目の自分だけの新月がありました。2018年に、『LEE』の専属モデルを卒業とあって。ファッションモデルというサイクルはこの卒業で完成したんですね。

はまじ：すごい！　12歳になる年から30年経って、一周して、2018年の新月に卒業！　何者!?　Sayaさん、何者なの!?

Saya：12歳が人生の第二章の幕開けで、2018年に第二章が終わって。
はまじ：今は、第三章。実は、2018年に所属事務所のクローズが決定して、2019年に探して、探して、今の事務所を見つけて。2020年から所属しているんです。
Saya：前のサイクルが2018年にクローズしていますから。はまじは絵本作家としても活躍されていますが、エッセイとか書くほうも発展していくだろうな、というのがあって。
はまじ：えっ（驚）。実は、2018年にエッセイを書かないかって言われて。ゆっくり、ゆっくり書き始めて、やっと今年、出版なんです！
Saya：おめでとう！　2020年、おとめ座は集大成の年だから。いつ出されるんですか。
はまじ：10月２日です。
Saya：わ、すごい。私もおとめ座で、はまじと誕生日が一日違いですけど、この本も10月２日発売だったんですが、会社の都合で５日になって。おとめ座同士でほぼ同じタイミング！　太陽星座だけでもリズムは一緒。
はまじ：わー、すごい。10月２日は、初めてモデルの撮影をした日なんですよ。
Saya：てんびん座の冥王星の対角で起こる満月。はまじのカリスマ性が出る日です。それから、表に出る役でもすごく可愛いんですけど、「中の人」ができますね。
はまじ：「中の人」はわかりますね。ミステリーハンターは、制作サイドだったんですが、それがすごくおもしろくて。私の顔は出るんだけど、主役は旅とか取材とかクエスチョン。いかにクエスチョンをおもしろおかしくやるか、知恵を出し合うのが楽しくて。

居場所づくりと
これからの仕事

Saya：2021年の終わり頃に、「居場所」についてがテーマになってくるので、二拠点居住の可能性も。東京とどこかというように。
はまじ：ホント？　すごくうれしい。今、旦那さんとも話してるの。田舎にもう一軒、家があってもいいんじゃないかって。星、怖い。
Saya：それを一年半かけてやるとして、はまじなら、そのおうちをすごく素敵にして、撮影に来てもらって、理想のライフスタイルを本にするとか。この頃は、経済的、人間関係的にも変化が起こりそうです。自分の時間を作りたくなる。
はまじ：仕事に追われるんじゃなくて、プラ

浜島さんの年表

0歳	1976年９月12日、札幌に生まれる。
11歳	1988年８月26日 12歳になる直前に、 自分だけの新月を迎える。
12歳	『セブンティーン』を見て、 ファッションモデルに憧れる。
18歳	上京して夢を叶え、『mc Sister』の モデルとなる。
23歳	1999年、結婚。
26歳	2002年、『世界ふしぎ発見！』 ミステリーハンターとして お茶の間の人気者に。
29〜31歳	2005年夏〜2007年夏、生まれたときの 土星に現在の土星が来るサターン リターン。その後も38歳までは断続的に 土星の影響があり、責任が重かった頃。
36歳	2012年〜2013年に天王星と ドラゴンヘッド（感受点）に土星が来る。
38歳	ミステリーハンターを卒業し、 息子を出産。
40歳	2017年、居場所を表すICという 感受点に現在の土星が来る。
41歳	2018年１月13日、２回目の自分だけの 新月を迎える。 ファッションモデルとしての １サイクルが終了。前年のICに土星という 居場所を離れる運気も重なり、10年間、 つとめた『LEE』の専属モデルを卒業。 以前の事務所のクローズも決まる。
43歳	2020年、新しい事務所に移籍し、 初めての表紙モデル。
44歳	集大成の流れの中、2020年10月２日、 初随筆集『蝶の粉』を出版。

イベートも充実させていく流れなんですね。もし引っ越しをしないとしても、環境が変わる可能性はありますか。

Saya：引っ越しせずに「居場所」が欲しい気持ちを満たすには、東京のご自宅を緑でいっぱいにするとか、居心地よく整えられるといいですね。エネルギーのうえで「居場所」というのがまずあって、それをどこまで物質化するのかは人それぞれです。

はまじ：仕事のうえでの引っ越しかもしれない。書くことの分量が増えるかもしれない？

Saya：家にいる時間が長くなりそうだから、それもそうだし、オリジナルの商品をシリーズ化して、ブランドにするとかもいいかも。それから、50歳になる2026年も、新しい土地や人間関係に踏み出す転機がありそう。

はまじ：不思議です。自分の意識では変化が苦手で、仕事もコツコツタイプ。どんな仕事も細く長く、10年以上のスパンでやらせていただいて。まだ環境の変化があるんですね。

Saya：おとめ座は、毎日を淡々と過ごすこと、てんびん座は、みんながニコニコ笑っている中で、楽しく、心地よくいることが好きなんです。でも、時々、星がトリガーになって、環境の変化が引き起こされるときが人生にはあって、そのときにはサバイバルをがんばれる人だということです。50歳が二拠点居住かもしれないですし、よいチャンスを逃さなければ大丈夫。それから、70歳になる年に3回目の自分だけの新月があります。シルバーヘアのモデルとして人気が再燃とか（笑）。

はまじ：50歳のタイミングをよくするためには今を、70歳のタイミングをよくするためには60代。「今」をどう過ごすかが大事！

母として気になるのは、息子の誕生のタイミング

Saya：何か聞きたいこととかありますか。

はまじ：私、結婚15年目、38歳で子どもを生んでいるんですけど、長期ロケで環境も過酷なミステリーハンターは、妊娠がわかったタイミングで卒業しました。12年やりきったから、気持ちを切り替えて、子どもに向き合おうと思えたんです。実は、その少し前から、そろそろ子どもを欲しいなと思っていました。2012年とか13年ですが、そのタイミングも出ていますか。

Saya：土星が来ていて、天王星の自立志向について、立ち止まって考えさせられたんですね。29歳前後に土星回帰というイベントが誰しもあるんですが、その頃から38歳くらいまで、土星の影響でずっとがんばっていて。それが38歳で、天王星の自立をやり切ったと思えたからこそ、切り替えられたんですね。

はまじ：まさにそうでした。旦那さんも12歳上なので、身体のことを考えると。本当に、星、怖いです……。それから、息子がね、お腹の中で大きくなりすぎてしまって。このままだと、帝王切開になってしまうから、2週間早めないかって。誕生日を変えてしまったことは、彼にとってどうだったんだろう。

Saya：帝王切開で出産予定の人によい日時を相談されたことがあるんですけど、先生の都合で待たされて、そのとおりにならなかったそうです。誕生の瞬間はいくら人間が決めようとしても、人智を超えた宇宙的なもので決まるんだなと思いました。それにもし2週間遅かったら、さそり座でしょう。彼は、お母さんの金星や火星のあるてんびん座で生まれ

て、しっかり愛されたかったんですよ。
はまじ：可愛いー。確かに、息子が可愛すぎて、距離感がわからないのも悩み。
Saya：それでいいんですよ。健全に愛された子は早く自立します。息子さんが親離れしたときに引きずらないように、思う存分、可愛がってください。うお座の夫もてんびん座に月があるので、てんびん座の星のもとに家族が集結している様子も見えて。「チームはまじ」という感じの仲よし家族ですね。
はまじ：ありがとうございます。

なんだか解剖された気分。無理しなくていいと思える

はまじ：こうやって、人生の地図みたいなものを見せてもらうと、心の準備もできるし、何年後にいいことあるかなって切り替えられるのがいいですね。何かあったとしても、「これは何かのメッセージかもしれない」と受け止められる。前向きになれますよね。
Saya：自分の過ごし方次第なんだってこんなに早く受け止められるって、すごい。
はまじ：星は誰にでも平等にあるんだけれども、星が照らしてくれるように自分も澄んでいないといけないんだなって思いました。宇宙の話をしているんだけど、蓋をあけてみたら、目の前のささやかなことを大事にすることなんだなあって。
Saya：占星術って、もともと天の影響を地に下ろすという話。生きるとは、目の前のことを一所懸命、やることなんです。
はまじ：解剖された気分。自分が歩んできた過去の成績表をもらったというか。
Saya：心のレントゲンってよく言うんです。
はまじ：Sayaさんの星占いは心のレントゲン！自分で思っていたことが可視化されることで、すとんと納得できて、変な意地を張らなくていい。素直に前に進めるようになる。そういう成績表で、人生の地図。「負けないぞ、馬鹿にしないで」って思っていた時期があって。身の丈これくらいなのに、爪先立ちで大きく見せようとしてた。きっと私みたいに感じてる人、結構いるんじゃないかな。でも、星を知ると、無理にがんばっても仕方ないんだな、深呼吸して、地に足をつけて、隣の人に手を差し伸べたほうがいいときなんだなって思える。喉のつっかえがとれた感じがします。
Saya：心の痒いところをかいてもらったみたいとよく言われます。
はまじ：そう、そう、そう。痒いところをかいてもらって、息がしやすくなった感じ。星は自然のものだから、抗っても意味がないと思える。遠くの獲物をつかまえるより、目の前の小さな花を見て、ああ、きれいだなって思える。そういう穏やかな気持ちになる。
Saya：素敵な言葉をいっぱいもらって、私が占ってもらったような気分です(笑)。

Sayaからのメッセージ

いつもお話しするんですけど、生まれたときの星は、ホロスコープに埋め込まれた種のようなもの。親から与えられる環境もあるけれど、大人になったら、自分で肥料や水をやって、星を育てて花を咲かせないといけない。似たような星をもっているからといって、全員が成功するわけではない。だから、「星占いが当たる人と当たらない人」がいるんですよ。

はまじは、「星占いが当たる人」。そして、運命の波乗りがすごく上手な人ですね。正直に自分の心を見つめたうえで星を育てて、花を咲かせる作業をコツコツと続けることができる。普段はものぐさだなんて謙遜されていたけれど、ラジオやテレビのレギュラー、雑誌連載などをこれだけもっていて、しかも、妻で母。ものぐさなわけがないですよね。ピンチのときの行動力も魅力的。これだけファンが多いのも、とても納得でした。ありのままのはまじで、これからも楽しく人生を切り開いていってくださいね。50代、60代とますます輝いていける人だと思います。

GUEST 2 理衣さん

“結婚後は、家庭を優先してきたけれど、
しし座らしく、風の時代を生きていきたい”

理衣さんのホロスコープ

東京のホロスコープ。地平線の上に惑星が集まり、社会で活躍するタイプ。香港やパリになると、惑星のあるハウスが変わり、可能性のありかが変わります。

Rie

夫と8歳・4歳の娘と香港在住。モデルの仕事の際は東京へ来ていたものの、現在はコロナでステイホーム中。最近、迎えた猫に夢中。

古風な価値観をもつ気遣いの人。大切なことは直観で決める

Saya：理衣ちゃんとは実は、大昔に何度かお会いしていて。2004年だから、もう16年前ですが、ある占星術の勉強会にお手伝いで参加したことがあるんです。そこに、20代前半の理衣ちゃんが生徒として来ていました。

理衣：オカ研(オカルト研究会の略)!?

Saya：そうそう。生徒には他に『メンズノンノ』のモデルの男の子が二人いて。

理衣：そのうちの一人から最近、連絡が来て、久しぶりに星の話をしていたんです。このお話をいただいて、「何で、LEEの人が私の星好きを知っているのかな」と思っていたんだけど、そういうことだったんですね。

Saya：最近は、ホロスコープを見たりはして

いないんですか。

理衣：娘たちが生まれてからはすっかり遠ざかっていて。忘れちゃっています。

Saya：では、ホロスコープ・リーディングから始めていいですか？

理衣：はい、よろしくお願いします。

Saya：まず理衣ちゃんは、しし座生まれで、それが７ハウスという「パートナー」を表す部屋にあるので、ステージで明るく輝く、大胆な面をもっています。でも、ACという感受点がやぎ座にあるので、優等生的な自分もいて。型の中で、「もっと自分らしく生きたい」というしし座の太陽の意思を抱いて、もがいているかもしれません。

　また、「潜在意識」を表す８ハウスにてんびん座の月、おとめ座の土星、木星があり、ご先祖の応援があるのですが、母方は保守的な家系ではなかったですか？

理衣：確かに、母方の祖母は、きっちりした人で。いつも着物を着て、約束の30分前には到着する。そんな祖母が大好きでした。

Saya：古風な生き方に憧れていたんですよね。６ハウスにはホームを表すかに座の金星があります。理衣ちゃんが家庭中心なのはこの金星ですね。また、太陽だけでなく、水星、ドラゴンヘッド（感受点）が「パートナー」の７ハウスにあって。てんびん座の月を考えても、人には割と合わせようとする。

理衣：自分では争いたくないからと思っているんですけど、本当は外面がいいだけなのかも（笑）。

Saya：とは言え、しし座ですから、普段は人に合わせていても、大切なことは自分の直観で決めるはず。意思は強いけれど、それを相手に伝えていいか、迷ってしまうのかな。

理衣：それはよくわかりますね。

30年に一度の自分だけの新月で、運命のパートナーとの出会い

Saya：今度は、過去を見ていきます。2006年９月に自分だけの人生の「新月」がありました。30年に一度のタイミングで、新月が来ると、それから一年もしないうちに結婚相手に出会うことも多いんですよ。このあたりで、パートナーに会っていませんか。

理衣：そうです！　2007年でした。

Saya：フランス人のパートナーということですが、９ハウスという海外を表す部屋に、男性性を表す火星があるので、ぴったりです。

理衣：まさに、星のとおりですね。しかも、私の火星はてんびん座で、夫はてんびん座なんですよ。

理衣さんの年表

0歳	1980年８月14日、東京に生まれる。
26歳	2006年９月23日、自分だけの新月を迎える。
	2007年８月、夫と出会う。
27〜29歳	2007年秋〜2010年、サターンリターン。生まれたときの木星や土星に現在の土星が回帰。
	2009年、結婚。
31歳	2012年、上の子を出産。 12月に香港に引っ越し。
35歳	2016年、下の子を出産。 ２ヶ月後に日本に引っ越し。
37歳	2017年８月にフランスに移住。 慣れない土地で心理的な大変さがあった。
	2017年12月〜2020年３月、2020年７月〜12月、生まれたときのAC（感受点）のあるやぎ座に現在の土星が回帰。
	2019年１月、生まれたときのAC（感受点）への土星回帰がきつくなる。
38歳	2019年７月に香港に戻る。 香港のデモに心を痛める。
	2019年10月、AC（感受点）への土星回帰がきつくなる。
40歳	2020年、個人を完成させる時代から、広く人と関わる時代へとシフト。

Saya：すごい！　2007年から2010年は、(生まれたときの土星に現在の土星が回帰する)土星回帰も重なっていて。世代的なものですが、この世代は、人生が時刻表どおり進んでいくのが好きなんです。周囲も結婚し始める頃だし、結婚を意識したのはきっと自然なことだったんでしょうね。

　土星回帰は、誰の人生にも30歳前後に訪れるタイミング。そこで、キャリアか、結婚か、人生のプライオリティの選択をする人が多いんです。理衣ちゃんは、第一線でモデルの仕事も続けていますが、家庭を優先させる選択をされていますよね。

理衣：家庭を築きたいという気持ちが強かったですね。

Saya：それも、とても素敵なことですよね。現在のことですが、今年は、「自分を完成させる時代」が終わり、もっといろんな人と付き合っていこうと心の扉が開くときですね。

理衣：わかります！　下の子が４歳になって、やっと余裕が出てきたんですよね。普段は主婦をしているので、家庭以外の場所で必要とされるのは単純にうれしいし、ありがたくて。子どもが巣立ったあとのためにも、がんばれる場所を広げていきたいと思っていました。

Saya：「必要とされたい、がんばりたい」のはACのやぎ座のまじめさが出ていますよね。７ハウスにしし座の太陽があるので、観客がいて輝くところがあるし。焦らずにやりたいことに挑戦できたらいいですね。理衣ちゃんの美しさはみんな知っているので、内面を出せたらいいですよね。

理衣：ありがとうございます。ブログを書こうかなと思ったことはあるんですけど、自分に発信できるものがないので、なかなか始められなくて。占星術は、またイチから勉強したいし、香港の情勢は今、とても気になること。フランス語はもう課題なので、娘と一緒に、時間をかけて、やっつけたいですね。

Saya：香港のデモのこと、フランスの教育環境のこと。等身大の理衣ちゃんの気持ちを書いてくれたら、みんなすごく読みたいと思います。憧れの理衣ちゃんにも自信のなさや迷いがあるってわかると、共感を呼ぶはず。

気になるのは、
香港とパリでの自分の運命

理衣：香港やフランスで生活できるのは夫のおかげ。ここは、私にとってどんな場所になるのか知りたいです。

Saya：2020年は、ICという居場所の感受点に天王星という自立や変革の星が来ていて。何年か前から影響が出るもので、この数年、めまぐるしく環境が変わっているのでは。

理衣：夫の仕事の都合で、2017年の夏にフランスに。2019年の夏に香港に。あちこち移動していて。フランス時代は、香港を拠点にしている夫と離れて、一人で子育てをする暮らしにうつうつとしていました。あの頃も、星的に何かありますか。

Saya：2017年末から、やぎ座のACから１ハウスという自分を表す場所に土星が来ています。アイデンティティを試されるような感覚もあるし、自分のキャパシティを広げなくてはいけない時期で、両手いっぱいに責任をもっているのに、さらに詰め込まれる感じ。

理衣：まさに。私が撮影で東京に行くときなど、夫の両親がサポートしてくれたんですが、知らない土地で子どもたちの命を預かる責任の重さは格別でした。日本、香港、フランス。私にとって、ベストな場所はどこでしょうか？

Saya：リロケーションというテクニックで、

パリや香港のホロスコープも作ってみたんです。日本社会が少し窮屈だとしても、仕事運は、地平線の上に星が多い東京が一番。

香港では、ACがいて座になるので、日本と違い、周囲に合わせる必要はなくなりそう。家族全員が外国人だし、しがらみのない自由があって。でも、太陽が8ハウスになるので、家族に尽くす生活で、広がりという意味では少ないかもしれません。

パリになると、ACはおとめ座になるし、東半球に星が多くなる。1ハウスに月や土星が来るので、孤独感があるかもしれません。自分のことに集中して、学んだり、成長したりする分にはいいと思います。

どんな場所でも、メリットも、デメリットもあります。リロケーションで作るホロスコープは、あくまでも可能性。パリに行ったからといって、東京のチャートに一番、力があるのは変わらないんです。理衣ちゃんのような人は、「地球全体が居場所」と思ってもいいのでは。お子さんを連れての移動は大変だと思うのですが、「仕事は東京、プライベートは香港、ヴァカンスはパリ郊外」というバランスは、ホロスコープとしてはよくわかります。

理衣：なるほど。よく「どこが一番いい？」と聞かれるのですが、どこも同じ。最終的には自分次第だなということは感覚的にも感じていたのですが、Sayaさんの整理されたお話を聞いて、やっぱりと腑に落ちました。

Saya：人生のフェイズで居場所を変えるのもこれからの風の時代らしいですよね。メリット、デメリットを把握したうえで、最適な場所を選択する。みずがめ座の上のお嬢さんは、どこでも平気なタイプなので、おうし座の下のお嬢さんのタイミングでもよさそう。

理衣：確かに、上の子は、新しい環境を楽しめるタイプですね。

今日は、とっても励ましていただいて、心に灯りがともったみたいな気分です。最後に、結婚してからは保守的に生きてきたのですが、もともとのしし座らしい自由な自分で、次の風の時代を生きていきたいという思いもあります。何かアドバイスがありますか。

Saya：しし座の守護星は太陽なので、「太陽という自分を生きる」ことが大切ですね。理衣ちゃんは感性がすばらしいので、その感性を信じてほしいです。そのうえで、風とはコミュニケーションや理性ですから、情報を見極めて、その時々で適切な判断をしてください。

理衣さんの現在の拠点は香港。「ステイホームで、家にいる時間が長い中、娘たちにこねくりまわされている猫のポンポンとのスリーショット。可愛くて仕方ないようです」

CHAPTER 6

Sayaからのメッセージ

「かに座に金星があるから、女性的な生き方をしたほうがいいと昔、占いで言われたことがある」と理衣ちゃん。確かに、若い頃は、金星の「愛される生き方」でいいのですが、年齢を重ねてきたら、太陽はもちろん、木星や土星も意識してほしいんです。お話に出た占星術は宇宙のルール、政治は地上のルールを決めるもの。理衣ちゃんの興味に共通するのは「ルール」なので、法律を勉強してもいいし、木星や土星のあるおとめ座が象徴するジャンルを学んでも、眠っていた才能が花開くかもしれません。環境や健康、植物などに関することですね。

そして、夫の仕事に合わせて、家庭優先の古風な生き方をしているようで、モデルの仕事は続けるなど、最終的には自分で納得して決めているのが素敵。ありのままの自分を肯定しながら、少しずつ、自分の好きなことも育てていけたら、ますますしし座らしく、輝けそうです。

GUEST 3　後藤由紀子さん

**“わからなかったことが紐解かれた感じ。
これから、生きる望みが出てきました”**

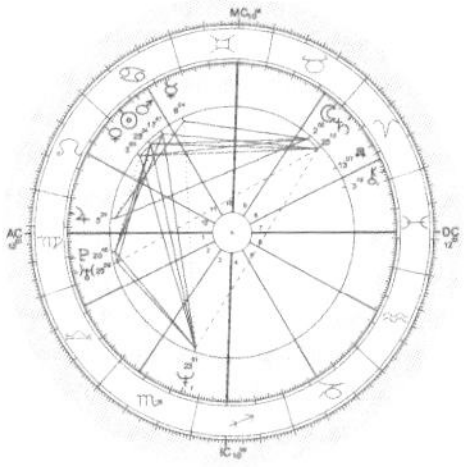

後藤さんの
ホロスコープ

後藤さんのホロスコープ。1、3、11ハウスの惑星で小さな三角形ができています。この三角形は、はまじや理衣ちゃんにもあります。LEEスターの証!?

Yukiko Goto

静岡県沼津市の雑貨店hal(ハル)の店主。マイペースでセンスのよい暮らしに、取材や著書出版のオファーが殺到。近著に『日々のものさし100』『気持ちを伝える贈りもの』 http://hal2003.net

「居場所づくり」がテーマの人生。家族からお店へと輪が広がって

後藤：今日は、とても緊張しています。

Saya：ゆっくりお話ししますから、リラックスしてくださいね。後藤さんはかに座で、水星や火星もかに座にあります。太陽という目的と考え方や行動が一致している方。かに座は、「家庭や家族」ですから、職場もホームのように居心地よく整え、くつろいだ雰囲気を作り出します。金星はしし座に転んでいて、ちょっとミーハーかな。

後藤：へぇえ。

Saya：これらの星は、「仲間や未来」を表す11ハウスにあるので、ご縁で未来を作っていく。お店には常連さんたちが来てくれて、自分の選んだ品を喜んでくれるのが自分の喜びになる。まさに、かに座の世界です。

後藤：そうだと思います。

Saya：セルフイメージを表すACはおとめ座にあり、デザインや文章が得意なのはここ。おとめ座の冥王星や天王星も1ハウスにあり、独立精神やカリスマ性があります。8ハウスの月と土星は、子ども時代に厳しい人がいたことを示唆しています。

後藤：母は厳しかったですねえ。お店を開くことも反対されました。

Saya：はまじや理衣ちゃんのホロスコープとの共通点もあって。日本の女性は、まだまだ夫のサポーターを求められますけど、後藤さんは、自分自身を表すハウスに星があって、自分を生きることも忘れなかった人。悩みながら成長してきた点が読者の共感を呼ぶんですね。でも、育った家庭の厳しさがかに座の水星、火星、太陽の「自分の居場所を作りたい」という気持ちに結びついて。

後藤：へぇえ、へぇえ。

Saya：「居場所づくり」の願望で、お店もあるというか。愛情を注ぐ対象が家族だけだったものがお客さんにも広がって。そのときの作り方も、来てくださる方をただ大事にしていたら、こうなりましたという感じ。
後藤：そうです、そうです。
Saya：その作り方がかに座的なんですよね。
後藤：すごい、すごい。かに座らしい店づくりなんですね。
Saya：雑誌との縁は、おとめ座ですね。物づくりでも、後藤さんは飾るんじゃないんです。求められる機能が何なのかを考える。
後藤：そうそう。服飾の勉強をしていないのに、ワンピースのデザインをしています。
Saya：線にうるさいですよね。この線は、この女の人をきれいにさせるんだとか、そういうことを話している。それから、おとめ座の木星が12ハウス。メディアと関係する部屋なので、メディアや流通にも適性があって。
後藤：へええ。好きなものを売っているだけでマーケティングはしないんですが、結果、人気商品になったものはありますね。こうなるべくしてこうなった感じですか。
Saya：生まれたときに星の種は植えられているんだけど、どこかで直観的に動いて冒険しないと、お花は咲かない。似たような星をもっていても、誰もがそうなるわけではないんです。星占いが当たるということは、自分に正直に、がんばって生きてきたんです。
後藤：正直です。おもしろいですねえ。
Saya：それから、地平線の上に星が多いので、放っておくと仕事中心になりそう。
後藤：一人ブラック企業です。３年くらいほとんど休みがなくて。体調を崩していたんですけど、コロナでちょっと休めて、人間らしくなりました。

冥王星の影響で大病とお店。
自分だけの新月で、雑誌に登場

Saya：過去を見ていくと、1998年が生まれたときの土星に現在の土星が回帰する土星回帰。この頃は、家族という欲しかったものを手に入れたからこそ、自分のことはどうするんだろうという悩みがあったかも。
後藤：ずっと食堂はやりたくて。
Saya：1999年から2000年、31歳から32歳は、「居場所」を表すICを冥王星が通過。その前後の数年も大変でしたよね。
後藤：32歳で入院しました。
Saya：じゃあぴったりですね。
後藤：二人の育児でドロドロに疲れていて。
Saya：そうですよね。でも、冥王星は、それを機に、真実の生き方に向かっていくような再生の星だから。
後藤：でも、子育てはみんな大変なんじゃないですか。
Saya：このタイミングはみんなじゃない。後藤さんは、土星回帰と冥王星のIC通過が続いているので、人の３倍くらい大変だったかも。

後藤さんの年表

0歳	1968年７月18日、静岡県沼津市に生まれる。
7歳	1976年１月20日、自分だけの新月を迎える。 おままごとをして遊んで、お母さんになりたいと思っていた頃。
26歳	結婚。
28歳	息子を出産。
30歳	1998年、生まれたときの土星に現在の土星が来るサターンリターン。 娘を出産。
31〜32歳	1999年〜2000年、現在の冥王星がICという「居場所」の感受点を通過。 大病をして、雑貨店「hal」をオープン。
37歳	2005年７月23日、自分だけの新月。 雑誌の取材がポツポツ入り始める。
57歳	2025年、進行法の太陽が冥王星に来るなど、影響力が高まる運気。
66歳	2035年１月９日、自分だけの新月。

なにせ冥王星は、247年サイクルの星です。

後藤：247年！　大病をきっかけに、人生いつ終わるかわからないから、やりたいことはやらなくちゃと思うようになって、すぐにお店を開いたんです。

Saya：それから、2005年には自分だけの新月という30年に一度のタイミングがありまして。この新月の前って、普通ならモヤモヤして、気力が落ちている時期なんですが、そこでお店を開けるのはすごいことなんです。大変とかは理由にならない、気持ちの強さでやれる方なんですね。この頃から、雑誌に出るようになったのかしら。

後藤：ポツポツですけど、その頃です。

Saya：新月後、雑誌に出るようになって、続けていけそうという感触があったとか。

後藤：はい、楽しくなってきちゃった。

Saya：新月は、30年に一回のタイミングですが、2005年の30年前というと７歳のとき。７歳から37歳のテーマが「自分の家族を作る」だったんですね。

後藤：１年生。お店屋さんごっこやおままごとをしていました。それから、お母さんになりたかった。なりたい職業は、お母さん。

Saya：最初のサイクルは「お母さん」。だから、結婚、出産、子育てをして。そのサイクルをやり切ったので、次の新月が来たときに、お店を開いて輪を大きく広げた。このサイクルは、66歳まで続きます。

後藤：へええ。

5年後に大活躍の運気が。「忙しすぎない著者」を目指して

Saya：それから未来のことですが、2025年頃、ご活躍の運気がありまして。

後藤：５年後、生きてます？

Saya：何で!?　今、52歳ですよね？

後藤：なんかもう２年くらい先までしか考えられなくて。去年、緊急搬送されたこともあるし、周りも病気だらけなので、明日は我が身。今日を生きるだけで精一杯です。

Saya：そんな……せっかく活躍できそうなので、あと５年はがんばってください。話す仕事も多くなりそうなんですけどね。

後藤：確かに、最近、ポツポツやってますね。「今後のビジョンは」と編集の方に聞かれても、「生きてるかわからないし」って答えていて。５年後、何かあるんだわって思うと、生きる望みがあります。今後、ぐんと下がることはないんですか。

Saya：2035年に自分だけの新月があるので、60代は気力が落ちてくるかも。

後藤：でも、66歳まで元気ですかね。そろそろ親の介護も始まるだろうし、「今のうち」感があって。アイデアを温めている場合じゃないって動いていたんですけど。

Saya：それはそうですけど、「今を生きる」おひつじ座の土星のせいか、生き急いでいますよね。でも、せっかくの人生、もっと味わって、ゆっくりがんばりましょう。まあ、メディアの仕事は、望まなくても来てしまうんですけどね、そこが12ハウス、おとめ座の木星。

後藤：同級生にも「どうしてあなたが本を出したり、雑誌に出たりするの？」って聞かれて。「何でだろうね」って聞いていたくらい。これからは、「木星のせい」って言います。わからなかったことがわかりました。

Saya：大事に育てられたことは枠でもあり、枠の中に安住してしまう人がほとんど。周りの期待もあり、本人も変わらないことを選択してしまう。女性は、愛される存在でいたほうが得な日本社会で、後藤さんは、自分に対

して意識的で、何をしたいのかを常に考えてきた人だから、編集者も、後藤さんに出ていただきたいんです。誰にでもできそうで、でも、できないことじゃないと取り上げない。

後藤：できることばっかりですよ……意外です、びっくり。でも、今日、紐解かれた感じがします。「普通のことしかやってないなあ」って思っていたから。

Saya：今の時代、普通が貴重なんです。2008年に冥王星がやぎ座に入って、みんな承認欲求の塊になって、インスタ映えを狙っている中で、淡々と好きなことをやっているって素敵じゃないですか。後藤さんに限らないですけど、時間を決めてお店をやるとか、家族のご飯を毎日作るとか、積み重ねてきたことは才能になる。当たり前のことをこの時代にできることが輝きになっているんです。

後藤：うれしい。ありがとうございます。

気になるのは身体のこと。
我慢しすぎないことも課題

後藤：身体のことも聞きたいです。

Saya：かに座は胸と胃、おとめ座は腸です。相手のために心配しすぎたり、我慢したりしていると、乳がん、胃がん、大腸がんとか。

後藤：へえぇ。

Saya：我慢しないほうがいいですよ。ハードワークで不安が強いときも我慢して言えなくて、それが「早死にしそう」にすり替わっています。言いたいことを言ってください。

後藤：こっちが我慢すればいいかなって。ノーと言える日本人になれますでしょうか。

Saya：なりましょう！　あと、月のおうし座は喉と甲状腺ですね。

後藤：がん保険に入ったほうがいいですか。

Saya：そうじゃなくて。がんにならないように、疲れやストレスをためないことです。

後藤：はい、我慢しません。お店はいつくらいまでやっていいんですか。

Saya：66歳が次の自分だけの新月だから、60歳を過ぎたら、先が見えなくなってくるかな。どこでやめるのも自由なんですけど、新月で始まったことは、なかなか終わらないので、雑誌や本の仕事は60歳くらいまで続きそう。

後藤：テーマは、「忙しすぎない、ノーと言える著者になる」ですね。

「初めての育児でドロドロに疲れていた」、すっぴんだという一枚ですが、そうは見えない爽やかな雰囲気。あまりに大変すぎて、この頃の記憶は曖昧とか。

Sayaからのメッセージ

2008年くらいから、冥王星がかに座の対角のやぎ座に来ていたので、なじんだ世界が変容しているのがこの10年だと思います。さらに、48歳くらいからつい最近まで、天王星が 8 ハウスの月や土星に来ていました。閉ざされた世界が広がる中でがんばってきた分、戸惑いや疲労もたまっていて。そんな緊張が星によって、少しでもほどけたならうれしいです。

自信がない謙虚さもかに座の魅力のうちですし、心配性のかに座さんなので、先のことを心配してしまうのも理解できますが、人の「生き死に」を決めるのは神話の世界では冥界の王、ハデス（占星術では冥王星）。人智を超えたものなのです。人間は一所懸命、生きることしかできない。

でも、不安や心配は、味方にもできる。直観で、「このままではいけない」と思っているから不安になる。不安は、「変えたほうがいい」と教えてくれている、ありがたい友達です。向き合うのを怖がる人も多いけれど、原因をつき詰めて、改善したほうが実りは多いんですよ。

Message from Saya

太陽を生きて、もっと自由になりましょう！

シングル時代はあんなに自由だったのに、今は一人の時間すら、なかなかとれない。家族との時間は幸せで、子どもは可愛いけれど、○○さんの奥さんで、△△ちゃんのママでしかない。自分自身がどこかに行ってしまったよう。仕事は大変だけれど、自分を思い出せる唯一の時間だから、経済的なことだけでなく、辞められない……ホロスコープ・リーディングのセッションを通じて、そんなママたちの声をよく耳にします。

日本での結婚は、安心感をくれる反面、女性を枠にハメる部分があるのもまた確かなこと。「子どもが小さいうちは夜、出かけられない」「夫の人間関係の中では夫を立てて、合わせないと」「夫の転勤に妻がついていくのは当たり前」……最近でこそ、そうではないカップルも増えてきましたが、まだまだこれらが日本の一般的な結婚の形だと思います（他の先進国でこんなことを言ったら、驚かれるはずですが）。もしかしたら、男性もかもしれませんが、とかく型が重んじられる日本でセッションをする中で、女性の役割を引き受けすぎて燃え尽き、苦しんでいる方たちにも大勢、お会いしてきました。

「まえがき」にも書いたとおり、20代の私は、「結婚したら、女性は月になる」という昭和の占星術のテキストに反発を覚えたものです。今、思うと、それから20年あまり、「どうやったら、女性でありながら、太陽を生きられるんだろう」とジタバタしてきた気がします。学生時代までは活発なタイプでもなかったので、雑誌の世界に入ったときも、転職をしたときも、出版社を辞めてフリーランスになったときも、沖縄に移住をしたときも、自分にとっては冒険でした。怖くて仕方がないときもあったけれど、小さな冒険を重ねて、50歳も目前になった今、「太陽を生きてきてよかった」と心の底から思っています。

時々、誤解があるのですが、「太陽を生きる」とは承認を求めたり、自分を大きく見せたり、エゴで生きることではありません。それは見せかけの太陽で輝いているだけで、そんな幸せ競争をやっていると、内面には虚しさだけが募っていき、心の中にぽっかりと空いた穴に闇が忍び込むことになります。本当の「太陽を生きる」とは、正直に自分の心を見つめて、自分の意思をしっかりともち、誰に頼るでもなく、自分のことは自分で決めること。そんな精神的な自立のことです。

「一人で生きろ」と言っているわけでも、「絶対、外で仕事をしろ」と言っているわけでもありませんし、自分だけが主役になるのでもありません。でも、自分の人生を生きていたら、「世界に生きている誰もが自分の人生の主役である」と受け入れられるので、他者をコントロールしたり、依存したりはしなくなるはず。不器用で、カッコ悪いところまで含めて、「自分を生きる」。そうやって、太陽を生きているうちに、太陽の光で、ホロスコープのすべての星が輝いてきます。また、自分の弱さも、できないところも認められるので、助けを求められるようになります。「助けて」と言えないときは、自分を生きていないのです。

この本では、浜島直子さん、理衣さん、後藤由紀子さんなど、キラキラした方たちにも登場していただきました。でも、ホロスコープにもとづいてお話を聞いてみると、あんなに素敵な、誌面の向こうの方たちも、私たちと同じように、女性としての生き方と自分のやりたいことを両立させようともがいてきたのがわかると思いませんか。彼女たちは、もちろん、生まれつきの才能もありますが、それだけではない。実は悩みながら、ただ正直にがんばって生きてきて、今があること、自由で、自然体な生き方を手に入れていることが伝わったのではないでしょうか。

生まれたときの配置図であるホロスコープは、赤ちゃんのときは、私たちを守るゆりかごとなりますが、私たちが成長すると、私たちを閉じ込める鳥かごに変わることがあります。私たちは、サイクルが終わる度に、これまでの鳥かごから抜け出す必要があります。その様子は、脱皮のようでもあるし、寄せ植えした鉢を植え替えるようでもあります。愛してくれた両親が用意してくれたものであっても、時には鳥かごを出て、自分で新しい鉢という環境を見つけないといけないのです。そんな風に何度も、何度も脱皮したり、植え替えをしたりしながら、私たちは、どんな雨風にも耐える、強い生き物となっていくのです。

私が星の言葉を借りながら、実は言いたいのは、女性が結婚しても、しなくても、子どもを産んでも、もちろん産まなくても、自由でいいんだということ。自由とはリーダーになることじゃない。自分のことを自分で決められること。親や社会や夫など、誰かの言うとおりでなくていい、自分の決めたとおりに、ハートのままに生きていいのだと、やさしくて、素敵なみなさんが自分に許可を出せるようにと願っています。

あとがき

『エル・オンライン』で「週刊ホロスコープ」という連載が決まったのは2007年の末のこと。私はまだ30代、自分だけの新月のタイミングでした。そして、2008年の2月4日、変容の星・冥王星がやぎ座に入ってすぐ、本名の私のドラゴンヘッドに太陽が来た日にSayaが始まりました。

まだ雑誌のオンラインメディアが少なかった時代。読者は、先進的な意識をもつ30代のシングル。日本はもちろん、EU、NY、アフリカ、アジアなど世界中からメールが届き、個人セッションやワークショップをするように。Sayaのホロスコープではインターネットを表すみずがめ座に太陽、キロン、水星、海王星、ドラゴンヘッドなどが集まり、「ウェブと星占いで他者を癒す」という使命が表れているようでした。本名の私がプロデューサーで、Sayaが演者。不思議な二人三脚のスタートでした。

でも、年月とともに、私自身が結婚したように、当時の読者の方たちも結婚したわけで、求められるものもいつのまにか変わってきたのです。Sayaのホロスコープでは、冥王星、月、金星、木星は「役割」を表すやぎ座にあり、役割に疲れた女性たちを応援するミッションもあったのだと、『LEEweb』で連載をするようになってから気がつきました。

この本は、「いったい何を言いたいんだろう」と著者であるはずの私が悩んでしまうくらい、魂をもっているようでした。書き終わってみると、日本中の役割に疲れた女性たちに、「もっと自由になっていいんだよ」と働きかけているようです。土の時代から、風の時代へと切り替わるとともに、コロナ禍で人の意識が大きく変わるタイミングなのもまたシンクロニシティ(意味のある偶然)。Sayaは、みずがめ座の申し子ですし、本名の私は風のグランドトラインという星の図形をもっています。原稿を書いたのも、みずがめ座に土星が滞在した2020年の春。この本にはきっと新しい時代にふさわしい、風のエネルギーがたくさん詰まっています。「こうでなくてはいけない」とコチコチに固まった意識に風穴が開き、読んでくださった方の人生に風が入ってくるようにと心から願っています。

星が本当のことだと思えるようになると、世界はキラキラと輝き始めます。物質だけだと思っていた世界に、実は、こんなにも厳密な、見えないルールがあるということが安心感をくれるうえ、星は手がかりになる。海図ももたずに人生の航海に出なくてもよくなるからです。実際、新型コロナウイルスが世界に広まっていく中でも、星のメッセージを下ろす作業が私を支えてくれました。

最後になりますが、この本は、『LEEweb』の連載、「星ごよみ」「星がたり」を大幅に加筆修正し、書き下ろしを加えたものなので、形になるまでに、本当に多くの人が関わってくださっています。日本神話のアマノウズメのように楽しく盛り上げてくれた編集者の畑江貴子さん、アイシングクッキーで星の世界を表現してくださったand Bakeさん、素敵な本に仕上げてくださったアートディレクターの藤村雅史さん、デザイナーの大森 史さんを初め、すべての方に感謝を捧げたいと思います。

2020年のみずがめ座の満月に
Saya

星を味方につける生き方、暮らし方

～不安な時代に翻弄されずに私を生きる～

著者／Saya

2020年10月10日　第１刷発行

発行人／海老原美登里
発行所　株式会社 集英社
〒101-8050　東京都千代田区一ツ橋2-5-10
編集部　TEL03-3230-6340
読者係　TEL03-3230-6080
販売部　TEL03-3230-6393（書店専用）

印刷所／大日本印刷株式会社
製本所／株式会社ブックアート

Staff：
アイシングクッキー製作／and Bake
撮影／大森忠明（浜島さん、後藤さん）
岩城裕哉（カバー、4Cほか）　and Bake
ヘア＆メイク／赤松絵利（ESPER）（浜島さん）
アートディレクション／藤村雅史
デザイン／大森 史（藤村雅史デザイン事務所）
撮影協力／ホテル ザ セレスティン東京芝

ISBN978-4-08-790017-0　C0076